德国职业教育"双元制"本土化实践研究

李　刚　李世彬　李　洁◎著

中国商务出版社
·北京·

图书在版编目（CIP）数据

德国职业教育"双元制"本土化实践研究／李刚，
李世彬，李洁著. -- 北京：中国商务出版社，2024.6.
ISBN 978-7-5103-5237-9

Ⅰ.G719.516；G719.2

中国国家版本馆 CIP 数据核字第 2024MR5976 号

德国职业教育"双元制"本土化实践研究

李 刚 李世彬 李 洁◎著

出版发行：中国商务出版社有限公司

地　　址：北京市东城区安定门外大街东后巷 28 号　　邮　　编：100710

网　　址：http://www.cctpress.com

联系电话：010—64515150（发行部）　　　010—64212247（总编室）
　　　　　010—64515164（事业部）　　　010—64248236（印制部）

责任编辑：云　天

排　　版：北京天逸合文化有限公司

印　　刷：星空印易（北京）文化有限公司

开　　本：710 毫米×1000 毫米　1/16

印　　张：11.75　　　　　　　　　　　　字　　数：171 千字

版　　次：2024 年 6 月第 1 版　　　　　　印　　次：2024 年 6 月第 1 次印刷

书　　号：ISBN 978-7-5103-5237-9

定　　价：79.00 元

前　言

在当今全球经济一体化和技术创新迅猛发展的背景下，职业教育作为连接教育与产业、知识与实践的桥梁，其重要性日益凸显。

德国的"双元制"职业教育模式，以其独特的校企合作机制、高度的实践导向和卓越的人才培养效果，被视为全球职业教育的典范。作者所在单位自2013年开始与德国德累斯顿工业大学合作，2015年至2017年连续三年派出教师团队赴德引入"双元制"职业教育资源，并同时组建中德班进行本土化实践。经过近十年坚韧不拔的本土化实践努力，取得了一定的成效。

《德国职业教育"双元制"本土化实践研究》一书，正是在这样的背景下应运而生，旨在深入探索德国"双元制"职业教育的成功经验，结合中国本土实际，提出具有针对性和创新性的本土化实践策略。

本书通过对德国"双元制"职业教育模式的深入研究和实践探索，为中国职业教育的发展提供了宝贵的经验和启示。未来，中国职业教育应继续深化产教融合、校企合作，加强师资队伍建设和教学质量管理，不断提升职业教育的质量和水平，为培养更多高素质技能人才贡献力量。

本书汇集了近年来德国"双元制"职业教育的研究成果与本土化实践的精华，分为四个篇章，系统地勾勒了"双元制"的历史演变、中国本土化的探索、具体实践案例以及未来发展趋势，为我国职业教育改革提供了一份宝贵的理论与实践指南。

开篇，本书追溯了德国"双元制"的历史脉络，从中世纪的手工业师傅带徒弟的传统到现代职业教育体系的形成，展现了"双元制"如何在历史变迁中不断适应社会经济的发展，成为德国制造业乃至全球职业教育的标杆。接着，通过对国内外"双元制"研究现状的梳理，明确了研究的理论基础与现实需求。

在"中国借鉴"篇，本书深入分析了国家层面的政策导向，展示了"双元制"理念在中国职业教育改革中的融入，特别是在提质培优行动计划、产教融合等政策推动下的本土化实践。通过国内典型案例分析，具体阐述了"双元制"如何促进校企深度合作，提升人才培养质量。

"泸州实践"篇则聚焦于具体地域的"双元制"落地情况，以泸州为例，展示了本土化课程体系的开发、教学与评价模式的改革、实践基地建设等关键环节，以及项目实施的宝贵经验与推广效果。

最后，本书展望未来，基于德国"双元制"的先进理念，结合我国职业教育体系的实际，提出了本土化实践的基本原则与策略，探讨了如何在新时代背景下进一步深化产教融合，促进职业教育高质量发展。

《德国职业教育"双元制"本土化实践研究》不仅是对德国"双元制"职业教育模式的一次全面回顾与总结，更是对我国职业教育改革路径的深度思考与前瞻探索。它为决策者、教育工作者、研究者以及关心职业教育发展的各界人士提供了丰富的信息与启示，助力我国职业教育在新的历史阶段实现跨越发展，更好地服务于国家战略与经济社会的需求。

在本土化实践过程中，本书不仅关注模式的引入和实施，更对模式的创新和挑战进行了深入探讨。通过分析中国职业教育体系的特点和难点，提出了针对性的改进措施，为中国职业教育体系的改革提供了有益借鉴。

本书是教育部社科基金项目"德国'双元制'职教模式在中国西部高职的本土化研究——以机电一体化技术专业为例"（19YJAZH030）及四川省机电一体化技术"双师型"名师工作室项目研究成果，由泸州职业技术学院"双元制"本土化实践的亲历者李刚、李世彬、李洁三位老师撰写，贺元成教授和潘绿萍教授全程参与指导。本书编写的过程中参考了许多专家和学者的研究成果，在此一并致谢！

　　由于作者水平有限，本书错漏之处在所难免，恳请各位读者和专家批评指正！

本书编写组

2024.3

目　录

第一章　德国职业教育"双元制"的历史演变

一、德国关于"双元制"的研究现状

"双元制"职业培训为德国培养了千万个优秀的技术工匠和产业工人，是德国制造业成功的教育基石，是全世界公认的最有效的职业培训模式。其本质是企业和学校共同培养以就业和应用为导向的技术工人。

（一）德国"双元制"的发展历程

在德国职业教育的历史长河中，一种独特而富有成效的教育模式逐渐崭露头角，这便是被誉为德国制造业成功基石的"双元制"（Deutsche Berufsaus-bildungssystem）。"双元制"深厚的历史渊源、独特的培训方式以及显著的实践成效，使其不仅在国内备受推崇，更在全球范围内引发广泛的关注与学习。接下来，让我们一同探寻德国"双元制"的发展历程，了解它是如何一步步从手工业学徒制演变成为现代职业教育的典范的。

1. 德国"双元制"职教模式起源——中世纪（师傅带徒弟）

"双元制"职教模式的起源可追溯至中世纪同业工会对师傅的培养，即师傅带徒弟的形式，类似于我国很多企业中师傅带徒弟的传授技艺模式。资料表明，德国师傅带徒弟的形式可上溯到古希腊、罗马时期，但这一培训形式在手工业中的普遍推广是在 13 世纪，而达至鼎盛则是在中世纪末，当时较为系统地形成了"手工业师傅学徒"模式,即学徒通过一种正规的培训和教育由伙计成为师傅的形式。

2. 德国"双元制"职教模式萌芽——改革学徒教育,成立进修学院

随着现代自然科学和工业生产不断代替传统工艺,单单是传统的师傅带徒弟的手工培训方式已不能满足需要,许多问题需要理论知识去解决,同时动手操作也需要理解才能做得更好。1890 年,"小资格证书"(Kleine Befaehigungsnachweis)获得通过。其中规定:凡是进行学徒培训的企业主,自己必须通过"师傅"考试,即他必须出示"小资格证书",自此,只有获得证书的师傅才能被授予培训徒弟的资格。1897 年,为了手工行业的稳定发展,德国修订了《手工业条例》,出台了《手工业者保护法》(Handwerkerschutzgesetz),它使处于低谷的学徒培训重新焕发了活力。为了进一步完善学徒培训机制,1908 年又修订并颁布了《手工业条例》,从而成为德国职业培训"双元制"——企业培训元的基础。1895—1914 年,德国将原来的行业星期日学校改建为行业专业进修学校;将宗教星期日学校改建为普通进修学校:即使是普通进修学校也尽量传授与职业相关的理论知识。随着社会的发展,两类进修学校从教学目标和内容上渐趋相同,并朝着为手工作坊职业培训补习文化的方向发展。1900 年,大部分大城市将进修学校作为义务教育写入了地方法律。同时,一种按职业划分的进修学校开始在全德试行,教学按专业方向划分班级。以每周的一个上午或下午授课取代了在星期日或晚间的授课。随着经济的发展,建立了一批具有职教性质的进修学校,如工艺学校、制图学校、商业学校等,开设普通文化课与职业教育相结合的课程。1919 年,魏玛宪法第 145 条明确规定:进修学校作为义务教育进行普及。1920 年全国学校大会将进修学校的名称正式改为"职业学校",即现在"双元制"职业学校的雏形。

3. 德国"双元制"职教模式确立——具有工业特色的学徒培训和职业学校

这一阶段"双元制"经历了从大工业前那种松散的、不统一的企业与学校独立发展(即工业化前的培训模式和相互之间没有太多关联的企业和学校不规范的混合培训方式为特征的),向较现代化的、结构越来越明晰的方向发展。1920—1970 年,出现了具有工业特色的学徒培训和职业学校。

20 世纪 20 年代发展起来的进修学校，经过缓慢的、不稳定的发展，已成为被大众普遍认可的学习场所。这一时期发展起来的新的培训模式受到"科学管理"思想的严重影响，形成了职业培训的三个基本方面：车间和职业学校培训机构的建立；有条理的培训过程；标准的培训课程和组织方法、训练计划。在此期间，一些专门机构如德国技术学校委员会、德国技术工人培训学院和职业培训工作委员会建立起来。这些机构完善了职业培训，进一步强化了培训系统，这是以前传统手工业培训中不曾有过的。1934 年，形成了公共职业学校的体系标准，各个州的学校主管部门集中成立了皇家科学、教育和公共教育部。1936 年前后引进了"专业工人""技术工人"的概念，"手工业行会的统治地位因专业考试的垄断地位被打破而不复存在"，新的资格培训方式诞生，这就是后来"双元制"体系构成的主要部分。1937 年，"职业学校"（Berufsschuler）这一标准学校名称被普遍使用，中央政府制订统一的教学计划，开始组织企业内培训，学校也被强制使用标准课程（皇家课程）。同年，针对职业学校的赞助和培训基金的管理等一些重大事项也制订了标准规则。1938 年，学生参加职业学校的学习被纳入全国性的义务教育范畴。1940 年，统一了职业教育的教学时间。1948 年，德国教育委员会在《对历史和现今的职业培训和职业学校教育的鉴定》中首次使用"双元制"一词，正式将存在了一百多年的企业与职业学校合作办学的"双元制"职教形式确定下来；1953 年综合性的职业培训条例出台。1969 年，德国政府颁布实施了《职业教育法》（BBig），标志着"双元制"开始有了法律上的确定意义，"双元制"得以全面制度化和法制化。同时，这一法律的实施也标志着德国职业培训传统时代的结束和新纪元的开始。

4. 德国"双元制"职教模式的完善——国家的影响和合理化

1969 年以前，不系统的培训立法将职业培训限制为"私人范畴的事情"，这意味着职业培训受雇主利益政策的限制和社会上不同利益集团政策的限制，而没有作为"公共任务"来执行。1969 年《职业教育法》颁布实施后，联邦德国"双元制"培训体系也逐渐形成了。至此，直接由私人企业控制的职业训练制度宣告结束。与此同时，在每个职业还有各自的培训条例，这些条例在职教课程领域内具有法律效力，在全德职教课程中起着统一定向和规范指导的作用，保证了全德统一的职业培训质量并造就了一批具有资格的职业人才。开发、协调、颁布一个职业的新培训条例一般需要 2 年时间，大约 10 年做一次大修订。

20 世纪 70 年代，德国的改革者主张基础职业培训标准化，在职业学校内加入一些实用的培训内容，实行"基础职业教育年"，尝试给"双元制"一个新的现代化结构。然而，"基础职业教育年"只是部分地被接受。1972 年，在联邦范围内对企业内部培训和各州职业学校培训的课程结构进行了调整。1974 年，根据法律规定，政府建立了联邦职业培训研究所并颁布了正式承认的培训职业。职业培训研究所主要负责职业培训领域的研究和开发工作，后来发展成为现在的联邦职教所。《职业教育法》的颁布和联邦职教所的建立，解决了困扰"双元制"职业培训发展的主要问题。从此"体制"变成一种形式被固定下来，并取得了合法地位。此后，由于科技的广泛应用、人口激增及人们选择职业方式的变化，传统的培训结构被打破，职业学校和企业培训并举的职业教育得到发展，并渐趋完善，职业学校教师也开始在不同的层次上参与职业培训的计划、实施和检查工作。1981 年，联邦政府颁布《职业教育促进法》，对《职业教育法》进行了补充和完善。第一次将职教和培训岗位需求相结合；明确职教应该成为公共事业的责任和义务；特别强调职教的政治性制度安排的意义，指出影响政治决策的因素不应是经济界的需求，而应是青年人对职教的需求。

20 世纪 80 年代后，德国从学徒工培训到中等、高等职业教育及在职培训已形成一个比较完整的体系，各州、市形成了一个严密的职业教育网，从而使德国在普及职业教育方面处于国际领先地位。1990 年，原联邦德国的"双元制"职教模式被全盘应用于整个德国。

(二)德国"双元制"模式介绍

所谓"双元制"职业教育就是整个培训过程是在工厂企业和国家的职业学校（Berufsbildenden Schule，BBS）中进行，并且这种教育模式又以企业培训为主，企业实践和职业学校的理论教学密切结合。

1. 德国"双元制"职教行政管理体系

基础教育、高等教育、职业教育与继续（成人）教育，是德国教育系统的四大支柱。作为一个联邦制国家，德国的教育政策与教育规划是由联邦形式的国家体制来决定的。德国"双元制"职教模式，首先看行政管理体系，在德国，职业教育由企业和职业学校共同完成。

不过，职业学校与培训企业之间，不是"绝缘"的，而是互相交织的。这种合作在职业教育的各个管理层次，如联邦、州、地区及企业之间，都非常紧密。雇主与雇员、企业培训机构和自由经济组织都积极参与职业教育。联邦政府一级的联邦教育与科学部（1995年联邦技术与研究部合并为联邦教育、科学、技术与研究部，简称联邦科教部）是教育基本立法与协调的主管部门。1970年成立的联邦职业教育研究所（以下简称联邦职教所），是为协助联邦教育与科学部解决职业教育中带根本性和全局性的问题而设立的联邦级的职业教育的决策咨询与科学研究机构。

根据德国法律，学校形式的职业教育由各州负责，按州《学校法》的规定实施，学生上职业学校属于义务教育范畴；校外形式的职业教育，包括企业内职业培训及跨企业的职业培训，则由联邦负责，按《职业教育法》的规定实施。

德国州一级建有职业教育委员会，由雇主、工会及州文教部等主管部门的代表组成，就职业教育方面的问题向州政府提供咨询。

地区一级的行业协会，如工商行业协会、手工业行业协会、农业行业协会等经济组织的重要任务，是在联邦职业教育法律的范畴内，负责本地区企业职业教育的咨询、检查、审核（包括考试）等事务。培训企业的雇主代表对职业教育计划的制订与实施、企业实训人员（实训教师）的聘用有参与表决权。

（1）联邦科教部

与德国"双元制"一百多年的发展史相比，职业教育被视为德国整个教育的研究对象。德意志联邦共和国成立后，对职业教育的研究和管理工作归属联邦经济部和联邦劳工部。职业学校的教学内容是联邦一级为学徒在企业接受培训而制定的培训条例的派生内容。直到制定《职业教育法》的过程中以及在颁布该法后，才在联邦一级设立了职业教育协调机构，包括各州文教部长联席会下设的职业教育委员会。1972年，德国政府将所有涉及教育政策的宏观管理权赋予了联邦教育和科学部（自1995年改为联邦教科部），这标志着职业教育已经成为整个教育政策研究的重要组成部分。

联邦教科部在职业教育问题上起着综合与协调作用，其主要任务有以下几个方面：

（1）主管联邦职业教育法的修改工作，并对其拥有解释权；监督对该法的执行情况。

（2）负责制定职业教育的重大和具有原则性的政策。

（3）主管联邦职业教育研究所。

（4）负责颁布职业继续教育条例和实训教师有关教育教学资格条例。

（5）资助职业教育中"受歧视者"和"尖子生"。

（6）资助职业教育的典型试验和研究计划。

2. 联邦经济部及其他业务部

联邦经济部及其他业务部主要负责对有关培训职业的承认和废除，也就是说，必须由该部长在所制定的有关培训条例上签字，该条例方能生效。除农业、司法、卫生等职业分别由联邦粮食、农村部、司法部和卫生部等部门负责外，其他大部分手工业和工商业的培训职业均由经济部负责。但是，在这里要指出的是，无论是承认还是废除某个培训职业，事先必须征得联邦教科部的同意，否则也不能生效。由联邦经济部及其他业务部通过法律的形式发布国家承认的培训职业、条例，目的是统一这个行业的培训内容、规格、要求、做法，及实训教师的规格、组织培训的原则、注意事项和培训结束后有关考试的一系列规定。

3. 各州文教部长联席会

在德国，如果没有各州文教部长联席会的协调，各州对学校的管理权将很可能导致不同的教育体系（当然也包括职业教育）。对于一个遵循"多样化""多形式""多竞争"原则的联邦制国家，各州文教部长联席会的主要任务就是保证使德国的教育事业在共性和可比性上有一个必要的标准，也就是说，在维护各州对教育主权的同时，建立各州文教部长联席会，其目的是协调教育政策的执行。它是各州文教部长们自愿、自我协调的一个工具；它处理那些超越各州本身的文化教育政策问题。其会章规定，每一个州均有一次表决权，在做出某项决定时，必须是全票通过。1991年3月14—15日通过的"职业学校框架协议"就是众多决议中的一个。

4. 联邦各州的职责

基本法规定各州对学校的主管权，当然也包括了对职业学校方方面面的管辖权，特别是对执行职业学校义务教育的情况、学校组织、教学计划、课程安排、学生每周上职业课的情况及教师队伍状况等均要给予必要的监督与管理。尽管学校建设原则上是各地方的事，但各州均以补贴的形式参与了此项工作。

另外，虽然在企业内进行的培训是由联邦政府主管，但各州通过其主管部门也会承担相应的任务。根据各州情况，大多是经济部、劳工部或是文教部（很少情况）负责。一方面，他们全面行使对行会的法律监督权；另一方面，也负责职业教育中一些特定的经费资助，比如，对跨企业培训车间的投资。

5. 行业协会

德国的行业协会是以地区划分的。凡位于德国某一地区的企业、商会、个体经营者或工商企业界的法人单位和因经营而纳税者都必须参加本地区相应的行会，并带有强制性。这些行会的任务是代表本协会成员的利益，维护和保持工商界的信誉传统。德国最大的行业协会是工商业行业协会（76个）和手工业行业协会（59个），除此之外，还有农业、律师、医生等行业协会，共计152个。行业协会除必须完成促进本行业经济发展的任务外，还承担一些国家委托的任务，职业教育就是其中最重要的一项。其对职业教育的职责主要有以下几点：

（1）对承担培训任务的企业的资格认定和监督

在德国不是每个想承担培训的企业就能得到这个资格，而是必须具备一些条件：①人品合格：企业主没有任何违法行为。②专业合格：企业主必须满 24 周岁；获得培训职业相关专业的合格毕业文凭；具有职业和劳动教育学方面的知识，以便能够传授专业知识。③拥有合格的培训场所，也就是说，该企业的规模、设备条件符合要求，能够承担培训任务，安排 1 个学徒必须有 3 个专业人员从事工作。

根据上述情况，给予符合条件的企业鉴定报告，让其注册登记，鉴定报告要写明具体条件，以备日后检查之用。

（2）缩短和延长培训时间

"双元制"职业培训时间一般为 3～3.5 年，这取决于主体中学毕业生的一般水平。其培训内容在培训条例中做了规定。对于具有高学历（比如，文科中学，13 年制毕业生）或已有一些专业知识的学徒，可缩短培训时间。由于生病等原因终止学业、应学徒本人要求或考试不及格会延长学徒时间；学徒在企业和学校的学习成绩均高于他人，也可要求提前参加考试。以上这些情况均由行会负责。

（3）审查企业与学徒之间签订的培训合同

学徒在接受"双元制"职业教育前必须与企业签订培训合同并递交有关行会备案。行会定期检查合同执行情况，特别是学徒助学金的获得情况、假期时间、每天工作时间等。为此行会有权与任何有关人员谈话，并建立档案。任何一份合同不符合法律规定，均将不予接受备案。

（4）负责考核

为了检查学徒在企业内的培训情况，在培训期间，会安排一次中期考试，一次结业考试。由行会负责这项工作，包括公布考试规则、组建考试委员会、审批考试资格、处理考试中的遗留问题、组织批改考卷、发毕业证书等。比如，慕尼黑和上巴伐利亚地区的工商行会组建了约 950 个考试委员会，指定了 4500 名荣誉考官。在每一个考试委员会中，均要有对等数量的雇主协会和雇员（工会）协会的代表及 1 名职业学校教师参加。为了使考试水平在全国具有统一性，一般行会都联合起来举行全国或某一地区的统一考试，尤其是机、电、建筑等主要专业。

（5）职业教育委员会

根据《职业教育法》第 56 条，每一个行会都应设立一个职业教育委员会，作为专业决策机构，它分别由 6 名雇主代表、6 名工会代表和 6 名职业学校教师代表组成，该委员会了解和听取一切有关职业教育方面的问题。

（6）制定规章制度

除全联邦对一些事宜的统一规定外，各行会还可根据自身情况制定一些规章制度，比如，培训合同样书、考试规定、在继续教育中的一些规定。这些规定一般由职业教育委员会颁布。

（7）监督和咨询

行会对企业是否在整个职业教育中按法律规定进行培训起着监督作用，它还对企业和学徒在职业教育中所遇的问题进行咨询并协调企业培训与职业学校教学进度的矛盾。

（8）仲裁委员会

签约双方在培训合同问题上产生的分歧不应上诉至劳动法庭，目的是保护企业与学徒之间的这种特别信任关系。所以，一般出现问题会由行会的仲裁委员会出面协调，矛盾或分歧一般集中在无限期解雇问题上（见图 1-1）。

图 1-1　行业协会八大任务一览

2. 德国"双元制"职教模式的法律依据

在德国，联邦层面具有完善的职业教育法，该法明文规定接受"双元制"职业教育的学生不能直接进入大学，进大学必须获得许可证。各州在联邦职业教育法的基础上，根据各州经济结构特征和具体情况，又有相应的法规，对于职业教育，如参与职业教育的企业和学校，以及企业与学校之间的关系都有明确的规定。联邦政府设有联邦职业教育所，州、地区也有相应的机构，机构中有企业和雇员的代表。

德国职业教育体系建立在坚实的法律基础之上，联邦层面拥有一套完整的职业教育法律体系，明确规定了接受"双元制"职业教育的学生若想进入大学深造，必须首先获得许可。各州政府在遵循联邦职业教育法的大框架下，根据各自地方经济特点和实际情况，又制定了不同的法律法规，详细规定了参与职业教育的企业、学校以及两者间互动协作的准则。联邦政府设有联邦职教所，各州和地区同样设置了相应的机构，这些机构中均包含企业和员工双方的代表。

德国职业继续教育的法律依据分为联邦和州两个层级：

在联邦层面上，关键的法律包括：

（1）《职业教育法》。1969 年颁布，确立了企业内部职业培训的基本框架，同时也为职业进修教育和转行培训设立了规范标准。

（2）《劳动促进法》。同样于 1969 年颁布，旨在增强职业的灵活性和适应性，为职业晋升提供条件，并推动职业进修、转行培训和入职培训，特别为失业人员、残疾人、女性以及未经培训的群体实施职业进修和转行教育提供了具体措施。

（3）《手工业条例》。自 1953 年起实施，并经过五次修订，详细规定了职业继续教育的考试和考核制度。

（4）《远距离教育法》。1977 年出台，对远程教育机构的运行条件进行了规范化管理。

（5）《企业组织法》。1972 年重新颁布，界定了企业在职业教育咨询、参与决策和建议权等方面的角色和作用。

（6）《职业教育促进法》。1981 年制定，规定了职业教育的规划、统计以及联邦职业教育研究所的功能。

在州级层面，重要的法规有：

（1）学校法。各州制定的适用于专科院校、专科学院的法律，详述了入学条件、学制和证书颁发等内容。

（2）各州文教部长联席会议框架协议。适用于各类学校形式的职业教育。

（3）继续教育/成人教育法。对继续教育的组织原则、促进措施、研究、证书发放以及主管机构职能等方面作出了明确规定，目前德国 16 个州中有 13 个州已经出台了此类法律。

（4）教育假期法。已有多达 10 个州实施了此项法规，允许学生为接受进一步教育而暂时中断学业。

《职业教育法》自 1969 年 8 月 14 日起正式实施，这部法律全面涵盖了企业职业教育的所有关键领域，被誉为"企业职业教育的基本法"。尽管该法中也涉及转岗培训和职业继续教育的内容，但主要侧重于职前教育的规定。通过相关法律规定，我们可以清晰了解《职业教育法》的重要内容和宗旨（见表 1-1）。

表 1-1 《职业教育法》的主要规定及具体内容

规定方面	具体内容	条款
定义适用范围	职业教育；职业继续教育；职业转岗教育	1~2
职教合同	理由，内容，开始与结束，试用期，解除休假	3~19
培训教师培训企业	个人与专业能力，资格认定，培训企业资格认定	20~24
培训职业培训条例	培训条例的规定范围，阶段性职业教育	25~33
考试	考试委员会，考试条例，中间和结业考试	34~49
职教监督	主管部门，培训咨询员，各教育委员会	44~48 50~59
职业继续教育职业转岗培训	考核，残疾人职业教育	46~49

3. 德国"双元制"教学模式的实施

德国"双元制"教学模式学制为 2~3.5 年（大部分需要 3 年学制，一少部分专业为 2 年和 3.5 年学制），一般主体为中学毕业生，其智力特征以形象思维为主，培养目标为技术管理人员。教学分别在企业和职业学校里交替进行，60%~70%时间在企业，30%~40%时间在学校。在培训的组织方式上，由企业进行实际操作方面的培训，培训学校完成相应的理论知识的培训，企业与职业学校共同完成对职业学校学生的培训工作。

德国"双元制"教学模式的课程设计以职业需求为核心，由三部分组成：理论课程体系、职业资格考试、实践课程体系。理论课程体系在职业院校完成，由学校结合德国文化部长常设会议（KMK）通过的《框架教学计划》进行设置，包括内容、目标、成果考核、教学方法等，通过 4 年内完成 900~1300 小时的通识教育和专业教育的学习任务，培养学生独立思考和行动能力，学生通过行业协会的考核就可获得职业资格证与毕业证；实践课程体系主要在大学企业或跨企业合作中心完成，教学内容由联邦教育系统（BIBB）视行业情况、方向、新技术、企业反馈等制定的《培训框架计划》与企业实际确定，主要包括职业基础、职业专业、社会项目、企业轮岗等，学生在企业按照学习领域完成 4000~5000 小时的学习任务；职业资格考试由各州行业协会组织独立考试，分为理论考试和实践考试，考试合格后取得职业资格证书，该证书也是职业院校理论课程体系的一部分。

框架课程是基于职业预科毕业生的水平而制定的。但是，由于各职业培训学校的学生教育背景、学习能力、文化背景和经验各不相同，框架课程必须足够开放以适应学校教学的需求。因此，各州可以直接采用常务会议的框架课程，也可以在此基础上开发自己的课程。

职业院校教师根据《框架教学计划》《职业教育和职业培训教育部长会议的课程指南》及联邦职业培训法规来实施课堂教学，教师可自主决定使用何种教学用具、教材、教学方法等来完成教学内容，实现教学目标。图 1-2 为德国"双元制"课程体系。

（1）职业培训条例（企业）

德国的职业教育体系采用了"双元制"模式，即学生分别在企业和职业学校接受培训，其中约 30% 的时间在职业学校学习，70% 的时间在企业作为

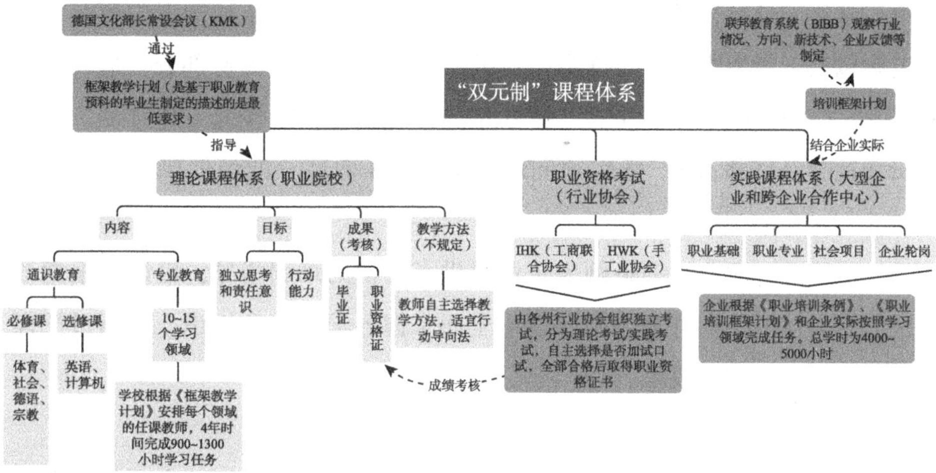

图 1-2　德国“双元制”课程体系

学徒接受实践训练。职业培训条例是指导企业和跨界培训中心对学生进行有效培训的重要依据，该条例主要包括五个核心内容。

①培训职业名称：指国家官方认可的培训职业，例如机电一体化专业，在德国被认定为机电一体化师，属于268种国家认证职业之一。

②培训期限：培训时长通常为三年半，以机电一体化师为例，其培训周期即三年半。学生在初中毕业后即可进入培训学校。

培训职业描述：详细列出培训所需掌握的技能和知识，包括但不限于职业教育劳动法与劳资法、培训企业结构与组织、工作安全与健康防护、环境保护、企业与技术交流沟通，以及机电一体化系统功能检测与调整、系统调试运转操作、系统维护与维修等20项核心技能和知识。

③培训框架计划：按照附录中规定的针对职业培训内容与时间分配的说明，来教授上述20项技能和知识。在实际操作中，如有特殊情况，允许适度偏离框架计划规定的时间和内容。例如，在机电一体化师的培训过程中，如果有特殊需求，培训内容和时间可以灵活调整。

④考试要求：在整个三年半的培训期间，学生的考核主要分为三部分，分别是培训报告、期中考试和结业考试。培训报告是学生在培训过程中记录并总结培训成效及相关信息的证明文件，由培训师定期审阅。期中考试通常

在第二学年末进行，涵盖前一年半在企业和学校所学技能和知识内容。结业考试则包括三年半所学习的技能和知识，分为 A 部分（实操部分，最长可达30 小时，含 30 分钟专业口试）和 B 部分（笔试部分，涉及工作计划、功能分析和社会经济概况）。学生须同时满足 A、B 两部分的最低要求才能通过考试。

综上所述，职业培训条例为企业提供了明确的培训指导，培训师根据该条例制定具体的培训计划，确保学生全面掌握各项技能和知识，并通过严谨的考核机制验证学习成果。

（2）框架教学计划（职业学校）

框架教学计划是一种以职业为核心的教育培训设计方案，它不仅涵盖了广泛的职业基础知识培训，还进一步延伸到了基于这些基础知识的专业技能培训层面。这一综合性的教学框架体系由五个关键部分组成，具体如下。

①前言：阐明了框架教育计划的整体架构和基本原则，指出该计划是经由文化部或其他相关政府部门审议通过的，目的是规范和指导职业学校进行职业教育培训。该计划依据国家颁布的职业培训条例编制，主要面向中学毕业生提供职业培训，并明确规定了最基础的能力素质要求。同时，框架教学计划并不限定具体的教学方法，而是强调职业学校应根据实际情况灵活应用各种教育手段，旨在培养学生的独立思考能力和责任感，确保通过多种教学形式实现教育目标。

②职业学校的培训任务：职业学校的首要任务是在学校环境中教授学生与所选职业领域相关的理论知识，而技能和实践经验则主要在企业实习获得。职业学校作为"双元制"教育体系中的一个重要环节，承担着与企业共同完成职业培训的重任。职业学校独立提供常规的教学内容和专业理论知识，致力于培养学生的扎实职业基础和职业教育素养，使其具备完成实际工作任务的能力，并顺利过渡到职场生涯。

③教学原则：职业教育遵循行动导向的教学原则，强调在课程设计上让学生在各自的职业领域独立进行任务的计划、实施和评估。在职业学校的学习过程中，倡导以行动为导向的教学模式，鼓励学生积极参与思考和实践

活动。

④相关职业要求：明确了为了实现教学目标，职业学校在教学过程中需要符合的相关职业要求，确保教学内容紧跟行业发展和市场需求，为学生提供与未来职业生涯密切相关的教育内容。

⑤学习领域：框架教学计划的核心内容以学习领域的方式呈现，根据不同职业的特点划分为多个细分领域。以机电一体化师为例，框架教学计划可能会细分为 13 个学习领域，每个学习领域对应特定的技能和知识模块，要求学生在一定学期内掌握。学习领域不仅定义了教学目标，还详细列出了教学内容和预期的学习成果，如专业能力的培养、个人能力的提升、社会能力的锻炼等，同时明确了各个学习阶段所需的教学参考时数，确保学生在循序渐进的过程中，能够系统地获取和掌握专业技能，形成完整的职业素养结构。

以上即框架教学计划的主要内容。通过该计划，职业学校可以有针对性地开展教育教学工作，确保学生掌握职业所需的知识和技能，为其未来的职业发展打下坚实的基础。

4. 德国"双元制"职业教育特征

德国"双元制"职业教育的特征有两个，一是表象特征，二是本质特征。

（1）表象特征（见图 1-3）

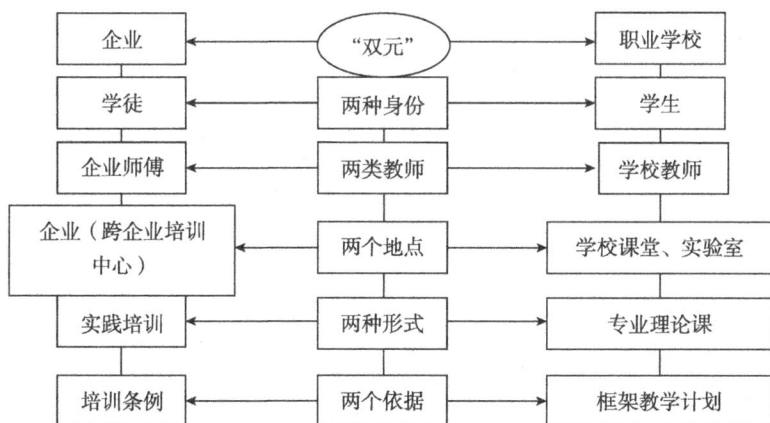

图 1-3 德国"双元制"职业教育的表象特征

表象特征也就是德国"双元制"职业教育的"双元",从培训主体来说，一元是在企业，一元在职业学校。对于学生来说，在企业做学徒，因为企业先招工，就是企业员工，但此时不是正式员工，而是学徒，同时在学校的身份是学生。具体而言，"双元制"职业教育主要表现在以下几个方面：

①两个培训主体——企业与职业学校

企业与职业学校是"双元制"职业教育的两个基本培训主体。企业严格按照国家承认的培训职业传授职业技能及职业经验，使学生在实际职业工作过程中接受培训，解决"怎么做"的问题；而职业学校主要传授与培训职业相关的专业理论知识与普通文化知识，解决"为什么这样做"的问题。一般情况下，青少年每周4~5天在企业接受培训，1~2天在职业学校上课，以企业培训为主。从另外的角度来看，这两个主体既涉及私营企业的市场经济，又涉及国家举办的公立学校事业。实际上，两个培训主体的工作并不是截然分开的，两者在学习进程上力求基本保持一致，甚至在某些方面两者是交叉重复的。企业和学校紧密联系，相互配合，相互补充，以共同完成对接受"双元制"的青少年的教育任务。

②受训者的两种身份——企业学徒与职校学生

在"双元制"体系中受训的青少年与培训企业签订具有法律效力的培训合同，明确在企业培训期间双方的权利与义务。此时，青少年的身份为企业学徒。这些签订了职业培训合同的青少年在合适的职业学校就读，其身份就是职业学校学生，继续接受12年义务教育中的后3年教育。这也意味着接受"双元制"培训的青少年拥有双重的权利和义务。根据德国联邦《职业教育法》《联邦劳动促进法》和《联邦职业教育促进法》的有关规定，接受"双元制"教育的企业学徒可享有获取必要知识和技能、领取结业证书、接受经济资助和自谋职业等多项权利；根据《德国联邦职业教育法》《帝国保险法》《联邦雇员保险法》《联邦劳动促进法》的有关规定，接受"双元制"的企业学徒应该履行努力获取知识和技能的义务与参加保险的义务。

③两种管理体系——联邦政府与州文教部

企业的职业培训由联邦政府管辖，受联邦制定的《职业教育法》约束，按照联邦政府颁布的《职业培训条例》等进行，这些条例由联邦政府科教部及联邦职教所制定。全国各企业培训必须严格按照条例所规定的内容进行培训。职业学校的教学则由各州的文教部分管。它以由各州文教部部长联席会议制定的《理论教学大纲》为指导性文件。该大纲规定了教学范围、教学目的、时间安排等。各州可根据具体情况进行改动，而职业学校则必须依照各州制定的《理论教学大纲》组织教学。

④两类课程——实训课与理论课

"双元制"培训体系的课程总体来说可分为两类，即实训课和理论课。实训课主要在企业内进行，理论课在职业学校进行，两者在一定程度上有所交叉。企业实训除在培训岗位、教学实训车间进行外，还在实训指导课教室向学生讲授必要的理论知识；职业学校除了理论教室、实验室外，还有作为理论知识补充的实训演示车间。相应地，培训教材也有实训和理论两种。实训教材传授"如何做"，是联邦职业教育研究所编写的全国统编教材，按照职业技能及相关知识进行模块式组合，以保证职业技能培训的统一标准和质量；理论教材则是解释"为什么这样做"，针对职业培训的技能要求由各出版社组织著名专家编写，没有全国、全州的统编教材。

⑤两类师资——实训教师与理论教师

在企业向学生传授实用知识和职业技能的师资称为实训教师或实训师傅；在职业学校传授专业理论和普通文化知识的师资称为理论教师或职业学校教师。实训教师是企业的雇员，包括企业的培训师傅和职业学校实验实习课教师，有专职和兼职两种。一般是已完成职业培训后具备 2~5 年职业实践的师傅学校和技术员学校的毕业生，通过教育学、心理学考试后符合《实训教师资格条例》者。职业学校的理论教师是国家公务员，包括专业理论教师和普通文化课教师，他们必须接受两个阶段的大学教育，在第一阶段为期 4 年的专业学习并通过第一次国家考试后，进入第二阶段为期 2 年的师范学习，且经过一定的实习期。

⑥两类主要经费来源——企业和国家

德国"双元制"办学模式的特殊性，决定了其办学经费来源的多渠道。但企业和国家（联邦和州）是主要的经费承担者。企业直接资助是德国职业教育尤其是"双元制"职业培训经费的主要渠道。企业除承建培训中心，购置培训设施、承担设备和器材损耗外，还必须支付学徒在整个培训期间的津贴和实训教师的工资等；而没有配备培训中心的小型企业，则还需要承担学徒跨企业培训的费用。职业学校的经费则由国家和州政府承担，通常是州政府负担教职工的工资和养老金等费用，地方政府承担校舍及校内设备的建设与维修费用和管理人员的工资等费用。

⑦两类考试——技能考试与资格考试

作为学徒，在3年或3年半的时间里有两次考试，一是第二学年结束前的中期考试；二是3年或3年半培训结束前的结业考试。考试由行业协会负责实施，目的是考核学生对企业培训所传授的技能和知识的掌握程度。行业协会还对跨企业培训进行监控，发挥保证职业培训质量的作用。

同时，作为学生，还应通过理论考试，内容主要针对职业学校里传授的专业理论知识，一般包括笔试和口试。考试合格者颁发证书。同样地，"双元制"职业教育有两类证书：一类是考试证书；另一类是培训证书和毕业证书。前者是与学习地点无关的证明，由行业协会颁发，为全国甚至国外认可的证书；后者是与学习地点有关的证明，即由培训企业颁发的培训证书和由职业学校颁发的毕业证书。

可见，德国"双元制"职业教育中企业培训和职业学校的"双元"相辅相成，缺一不可。它们在整体培养目标上是一致的，但在具体的培训过程中又是一分为二的，表现出明显的"双元"属性。通过最大限度地利用两者的条件和优势，既使学生在实际工作氛围中获取实践经验，锻炼各种职业能力与社会交往能力；又使学生在学校系统地掌握专业知识，奠定理论基础，培养敏捷的思维能力，从而适应毕业后的工作。

（2）本质特征

德国职业教育的本质特征，实际上就是学校与企业相结合，以企业为主，理论与实践相结合，是以实践为主。"双元制"培训计划，是由联邦经济和劳动部以及联邦教育和科研部共同制定，分为框架教学计划和培训规则两部分。框架教学计划是由各州职业学校负责实施，培训规则由企业和跨企业培训中心负责实施，理论和实践的教育比例为3：7。换言之，学生30%的时间在职业学校学习，70%的时间是在企业或者跨企业中心进行培训。

职业教育在德国被视为是政府、社会、企业与个人的共同行为，而"双元制"已在德国职业技术教育领域中占了主导地位，并在全国各界的努力下日趋完善。总体而言，德国"双元制"职业教育具有以下几个特点。

①注重实践，突出技能培养

德国"双元制"教学模式，在培训过程中十分重视学生实践、技能和技巧的培训。在整个培训过程中，理论与实践之比约为3：7或2：8。同时理论教育注重实用性，与实践紧密联系，并服从实践的需要。德国教育专家曾指出："德国的职业教育体系与其称为一种教育制度，不如称它为一种思想，是一种注重实践、技能为未来工作而学习的思想。"这一指导思想不仅体现在理论教育与实践训练的时间分配上，还贯彻在培训的运行机制、培训计划和教学方法的应用上。

②重视企业在整个培训过程中的主导作用

在"双元制"教学模式中，以企业为核心，以企业培训为主，学校教学为辅，两者同时进行，紧密联系，成为一个有机的整体。在"双元制"运行的过程中，离不开企业主和董事会的支持，他们不仅是职业培训的指导者，更是职业培训的实际参与者，培训规章及其实施过程中的重大问题必须经董事会讨论通过并在其监督下由企业培训中心执行。以企业为主的优势表现如下：提供精良的培训设备、充足的培训经费和经验丰富的实训教师；及时调整培训计划，培养目标更符合企业实际需要；真实的工作环境，使学生有机会接触到新工艺、新技术，积累生产经验，更好适应未来工作。

③重视培育职业素养，注意职业教育与普通教育的互通性

职业素养通常是指职业岗位对个体内在的规范和要求，是个体在职业过程中所表现出来的内在品质和外在行为方式，即个体从事某种职业所必须具

备的专业技能、道德操守、职业态度与兴趣、职业设计与创造的情感、规范、能力及其水平等。概括而言，职业素养主要包括职业技能、职业道德、职业态度和职业意识等。德国人素有严谨、务本求实和富有责任感的传统，在"双元制"职业教育中，他们重视职业素养尤其是职业道德的培育。对于教师而言，他们必须敬业爱岗、诲人不倦、一丝不苟、以身作则；对于受训者而言，他们必须做到严格遵守职业行为规范，从点滴抓起，从小事抓起，养成良好的职业道德习惯。因此，受训者在井然有序的"双元"培训气氛中形成了良好的职业行为和职业道德风尚。

④法律保障与标准化实施

"双元制"职业教育有一套完整的法律法规体系支持，包括《职业教育法》、培训规则和框架教学计划等，确保整个教育过程的规范化和标准化运作。

此外，德国注意各类教育形式的互通性，这主要体现为两个原则：

一是职业教育体系发达，职业教育与普通教育是等值的。德国职业教育，主要包括三方面的内容，即职业培训、职业进修、职业改行，前者为职前培训，后两者为职后培训，职前与职后实现了有机的衔接，职业教育不再被认为是终结性的教育。在德国，接受职业教育尤其是"双元制"职业培训并不是"差生"不得已的选择，而是学生和家长主动的意愿。

二是整个教育体系具有较大的渗透性，"双元制"职业教育与普通教育之间相互沟通。德国承认中等职业教育毕业生与普通高中毕业生具有升入大学的同等学历和资格，规定实施"双元制"的职业学校毕业生具有相当于普通高中第一阶段教育的学历。在基础教育结束后的每个阶段，学生都可以从普通学校转入职业学校，接受"双元制"职业培训的学生，也可以经过文化补习后进入高等院校学习。德国职业教育追求这样的目标："一种职业培训不能走进死胡同，而应该为职业进修以及其他的继续教育过程提供多样化的选择……目标就是职业教育与普通教育的等值以及教育途径的透明性。"

综上所述，德国"双元制"职业教育的本质特征在于其以企业为主体，与学校密切合作，形成以实践为核心的教育培训体系，同时兼顾职业素养的全面发展，并通过法律手段确保教育质量和效果的一致性。

（三）德国"双元制"职教模式发展现状

德国"双元制"职业教育一直以高质量著称，为其经济发展培养、储备、输送技术技能型人才，是德国生产和服务一线人才的主要来源。德国职业教育为适应德国经济和技术发展，在教育结构、职业类型等方面不断调整，形成了适应企业用人需求的教育格局，建立了教育界和经济界相互协作的产教结合、校企合作共同培养技能人才的机制，为德国的经济发展提供了人力资源保障。

近十余年来，德国接受各类职业教育的人员数量每年基本保持在200万人左右，形成了稳定的数量规模，为德国各类用人单位提供了充足的人力资源，并通过实施各类职业教育，提升了劳动者的素质和技能，增加了劳动者的就业机会，提高了劳动者的就业质量。劳动者素质和技能的提高，提升了社会生产效率和生产质量。

1. 德国四种职业教育发展情况研究

德国职业教育体系多样且丰富，根据不同行业需求和学习者的个性化需求，形成了多元化的教育模式。德国联邦教育研究所将其归纳为主要四种类型的职业教育：

（1）"双元制"职业教育与相关类型的职业教育

这一类型的职业教育是最具德国特色且规模最大的部分，约占总受教育人数的三分之一。它依据联邦职业教育法或手工业条例，实行企业与学校相结合的"双元制"教学模式，同时涵盖卫生、教育和社会服务等领域依据联邦或州相关法律所实施的学校职业教育。这类教育以高度契合市场需求、培养实用型技能人才著称，深受企业和学生欢迎。

（2）跨领域的综合职业教育

这类教育形式旨在整合职业教育与普通教育的优势，受教育者同时参与职业教育课程和普通教育课程。然而，随着中等教育阶段学生对升学和就业路径选择的变化，越来越多的学生倾向于直接升学或提前进入职业教育，导致跨领域综合职业教育的比例逐年下降。

（3）在高中阶段接受两个相近职业领域的职业教育

此种模式允许学生在高中阶段同时学习两个相关职业领域的技能，旨在拓宽就业面和增加岗位选择机会。通过复合型职业教育，学生能提高自身就业竞争力，迎合日益复杂和多变的劳动力市场。

（4）在高等教育阶段接受职业教育

随着现代经济社会对高级技术人才需求的增长，越来越多的高等教育机构如职业学院、应用技术大学乃至综合性大学开始提供职业教育课程。这类教育旨在通过理论与实践相结合的方式，使学生在掌握深厚理论知识的同时，获得必要的专业技能和实践经验，从而提升就业能力和适应市场变化的能力。不少中等职业学校毕业生选择进入高等教育阶段接受进一步的职业教育和继续教育，以增强自身的再就业优势和竞争实力。

总体来说，"双元制"职业教育因具有兼顾理论与实践、学校与企业深度合作的特点，在德国职业教育体系中占据主导地位，长期以来是德国职业教育的核心支柱。这种模式确保了受教育者拥有稳定且高质量的就业途径，并得到了用人单位的持续支持与接纳，从而有效地促进了德国职业教育的发展和繁荣。

2. 德国"双元制"的发展

在德国几种职业教育方式中，选择应用技术大学人数增幅是最大的。德国应用科学大学"双元制"不仅给学生提供宽广的专业选择机会，且课程的实用性强，学生在大学中学习的理论知识在企业的实习中得到转移整合，尽管学习过程充满挑战，但绝大多数同学都会在毕业时因"双元制"课程的优势获得满意的工作。近年来，越来越多的"双元制"学习项目被开发出来，参与的学生和企业也在不断增加。"双元制"的"国际化""质量保证"和"其他混合模式"正是当前德国应用技术大学发展的关键主题。

（1）国际化

"双元制"课程的国际化一词应理解为两个主题领域。首先，它涉及德国"双元制"学习课程在国际内容方面的国际定位，例如外语课程、跨文化培

训、海外实习和外国课程与德国课程的融合。其次，它意味着"双元制"模
式向国外的教育系统转移。在许多"双元制"学习项目中，外语已成为该课
程的组成部分，并且精通外语经常为留在国外提供可能性。这些国际化"双
元制"课程通常包含构成国际定位的几个不同模块：从内容方面包括与国际
相关的专业和主题，例如国际工商管理、国际税法、国际商业信息技术，还
包括附加课程，例如外语记者的高级培训。这些课程涉及国际背景下的经济、
文化、社会和政治领域。此外，国际课程通常还包括强化语言培训。在语言
方面这些课程用外语授课。通常教学语言是英语。在某些情况下，在第一学
期会安排强化的外语课程，特别是在新的教学语言不是英语，而是其他小语
种时。教学语言并不固定。出国留学通常是面向国际"双元制"课程中必不
可少的。学生将以在合作伙伴公司实习的形式或在国外的合作大学学习一个
学期的方式在国外度过一个或多个实践阶段和/或学习阶段。合作伙伴国家主
要是英国、法国和西班牙，但也包括奥地利、荷兰和波兰等邻国。在公司的
实践阶段，学生越来越多地参与国外的日常业务。此外，公司还准备了国际
化的项目和最终论文。"双元制"的国际方向是期末考试的一部分，并在期末
证书中得到证明。此外，国际认可的语言证书和欧洲通行证记录了所获得的
跨文化技能。

（2）质量保证

与所有其他非"双元制"学习计划一样，"双元制"学习计划的质量保证
受联邦政府及其授权的鉴定委员会的管辖下高等教育部门的鉴定体系的约束。
非州立大学必须首先获得科学理事会的机构认可。然后，州立大学和非州立
大学的双修课程都可以由认证委员会进行程序认证或系统认证。个别的课程
认证由认证委员会使用的认证机构进行。另外，系统认证阐明了所讨论大学
的整个质量保证体系。如果成功完成了认证过程，则有关大学的所有课程都
将自动获得认证。尽管认证委员会对具有特殊要求的学习计划做出了一些特
殊规定（2010年），但目前还没有针对"双元制"学习计划的详细测试标准。
除大学质量保证外，职业培训中的质量保证机制也对整合培训的课程起到了
监督促进的作用。

（3）其他混合模式

其他混合模式是指除了以学习地点和课程相互联系为特征的"双元制"学习课程，介于职业教育和大学教育之间的其他培训课程，这些课程将两个学位或多个学习地点结合在一起，并且可以提供类似"双元制"课程的职业资格。这种混合模式的一个例子是行政管理商学院（Verwaltungs-und Wirtschaftsakademien）的课程，通常被称为双高中毕业生课程。与"双元制"学习计划相似，这些培训课程将商业职业培训与商业管理课程结合在一起，行政管理商学院并未分配给高等教育部门，通常无法获得学术学士学位或同等学历。因此，除非与大学合作，否则在行政管理商学院的这些课程不算是"双元制"课程。其他混合模式尽管可以达到大学学习的要求，但它的学习内容和工作内容可能并不相互链接，比如与培训相关的课程（ausbildungsbegleitende Studiengänge）或者与职业相关的课程（berufsbegleitende Studiengänge）。与培训相关的课程除职业培训外，还需同时获得学士学位。与职业相关的课程除了工作，还必须获得学士或硕士学位。学习这两种课程都不必告知雇主有关课程的信息。两种模式都主要以变体形式进行，即允许或多或少的全职培训或全职就业。大学的出勤主要在晚上或周末进行，并补充了远程学习如在家中自学或电子学习等学习方式。

3. 当前职业教育改革情况

为回应时代挑战，巩固在"双元制"国际职教领域的优势地位，德国政府近年来加紧战略布局和顶层设计，出台一系列指导战略、政策文件和项目计划，引导职教界适应形势变化，重点从数字化、高学历化和国际化这三个维度推动职业教育改革进程。

（1）数字化：打造"职业教育4.0"，引领数字化转型

以"工业4.0"为代表的第四次工业革命和数字化转型引发经济社会领域的数字化创新，加速工作世界的结构转型和培训职业的变迁，给职业教育的整体目标、教育理念、学习环境和培养方案带来新挑战。对此，德国积极谋划职教数字化战略，打造"职业教育4.0"概念，依托重点项目推进数字化转型。

德国联邦职业教育研究所主持了一个由联邦政府教育研究部资助的名为"纳入职业能力进入大学就读"计划，意在为具备专业资格者打开进入大学的大门。该计划通过在部分应用科学大学和综合性大学引入"双元"学习模式，提供"双元"课程，能够使毕业生也拿到双证：学位证和专业资格证。初始培训的双学位课程主要集中在经济、工程和 IT 领域，后续将增加更多社会事务、教育、卫生和保健领域的课程。通过这一计划，将建立起一种将科学理论知识传授与获得实际专业技能相结合的教育形式。德国联邦职教所基于 Training Plus 数据库的分析结果显示，近年来，这种模式课程获得了越来越多的认可。根据劳动力市场和职业研究所对实践课程开展的研究发现，这些课程更有利于学生未来的职业生涯发展。

此外，德国政府还通过数字化手段，提高市场上已有求职者和岗位的匹配率。首先是利用信息技术为劳动力市场上的求职者建立一套求职资格评估审查系统，帮助求职者找到更适合的岗位和出路。该系统名为"ValiKom 能力评估认证中心"（ValiKom-Transfer），针对通过非正式情境已获得专业相关技能但无法通过专业资格考试的人而设立。他们可以申请通过该认证中心来认证自己的专业能力，如果通过认证，则会给他们颁发相应的资格证书，帮助他们在德国劳动力市场上找到更好的工作。其次是将创新竞赛嵌入国家创新计划和联邦教育与研究部的数字战略中。该竞赛旨在开发创新性的解决方案，利用人工智能技术，使所有人能够通过适当的平台找到适合自己的继续教育。

通过一系列数字化举措，既使职业教育与普通教育渗透率提升，进一步打通了职业教育的上升渠道，为选择"双元制"职业教育与培训的人提供了更多出路，又为劳动力市场上已有的求职者提供了更多可能，促进了个体与社会的可持续发展。

（2）高学历化：打通上升渠道，促进职业教育与高等教育相互渗透

近年来，德国不断增强各教育领域之间，尤其是职业教育和高等教育之间的流动性，为职教打通上升渠道，发展灵活的混合教育形式。在各种打通职业教育与高等教育的新型教育形式中，"双元制"大学学习最为知名，应用范围最广。

"双元制"大学专业沿袭了职业教育的"双元制"特征，培养计划包含高校理论学习和企业实践学习两个阶段，学制6～10个学期。所有培养机构共同制定教学大纲，与常规大学学习相比更灵活、更贴近实践，与常规职业教育相比，又涵盖整个职业领域而非单个培训职业。其组织形式灵活多样，分为四种学习模式。其一，融入培训型，将职业培训融入大学学制，由高校和企业约定集中授课，一些联邦州规定，学生除了在高校和企业学习，还需在职业学校完成部分学习；其二，融入实践型，又称合作型，采取集中授课，实践渠道灵活，毕业时不授予职业培训资格证书，学生在企业的身份是实习生或者在职员工；其三，融入职业型，面向在职员工，半脱产攻读大学学位，有些专业录取时不要求拿到高校入学许可；其四，不脱产型，又称不脱离实践型，面向在职员工，需在全职工作的同时通过函授或夜校完成学业，这种模式需要雇主配合，例如允许员工暂时脱产学习。其中，融入培训型是唯一同时获得高校毕业文凭和工商会认可的职业培训资格证的学习模式，在四种学习模式中极受学生欢迎。而根据联邦职教所2019年的分析，融入实践型学习模式增长势头最快。这两种是"双元制"大学学习的主要模式，均要求学生获得高校入学许可，并需要与高校合作企业签订培训或实习合同。另外两种适合正在或者已经接受职业培训、希望通过大学学习进行继续教育的群体。

（3）国际化：对外输出德国模式，对内加强与国际接轨

德国的出口导向型经济、人口结构老龄化趋势和专业技术人才需求，均要求雇员具备一定国际职业背景，包括专业外语水平和跨文化交际能力。20多年以来，联邦职教所一直致力于开展国际合作，推广"双元制"，加强国内外职教资格证书的相互认可，将职教列为对外援助的重点领域之一。

经过多年理论探索和实践发展，"双元制"在制度理念、标准规范和人才培养等方面形成了一整套成熟模式，包括使用全国性标准，在工作实践中学习，在企业和职业学校这两个场所学习，由国家、经济界和劳资伙伴共担责任，等等。德国希望将其打造成为欧洲乃至全球典范，影响改变他国的职教理念和实践。

二、国内关于"双元制"的研究成果

"双元制"源于德国的一种职业教育模式,其核心在于学校与企业共同担负培养人才的任务。近年来,这一模式在中国也得到了广泛关注和实践,不少学者和教育机构对其进行了深入的研究和探索。本章旨在对国内关于"双元制"的研究成果进行综述,以展现其在中国的发展和应用现状。

(一)我国"双元制"教育发展历程

20世纪末,我国政府提出实行"双元制"教育,以推动教育体制改革和促进教育现代化。"双元制"教育是指学校与企业合作,学校和企业共同负责学生的教育培养,为学生提供更多实践机会和职业准备。

1999年,我国开始试行"双元制"教育,首个试点项目在福建省设立。此后,该模式逐渐扩大到全国各地。试点项目通过与企业合作,为学生提供实习和实践机会,并将培养内容与职业发展需求相匹配。

2005年,我国政府发布《关于推进高等教育改革发展的若干意见》,明确提出要加强与企业的合作,深化"双元制"教育改革。政府将"双元制"教育作为高等教育改革的重要方向之一,鼓励学校与企业合作开展人才培养和科学研究。

2010年起,我国各地相继建立职业教育集团,促进"双元制"教育发展。这些集团由多所高校、职业院校和企业联合组建,共同负责学生培养和就业安置,形成了一种深化"双元制"教育的新模式。

2015年,我国政府提出"产教融合"理念,加大对"双元制"教育的支持和引导。政府出台了一系列政策措施,鼓励学校与企业合作开展教育培训、科研创新和人才交流,促进学校与企业的深度合作。

到了2020年,我国"双元制"教育已经取得显著成效。学校与企业的合作方式多样化,涵盖了各个领域,包括工程、医学、农业、信息技术等。许多学生能够在学习期间获得实践经验,提升就业竞争力。

"双元制"教育在我国的发展具有重要意义。它为学生提供了更多实践机会和职业准备，促进了学校与企业之间的合作与交流。随着政府的支持和持续改革，"双元制"教育有望在未来进一步发展壮大。

(二)"双元制"职业教育方面的研究

通过对文献的梳理，笔者发现国内职业教育界对德国"双元制"职业教育的研究主要是从 20 世纪 80 年代开始的，并取得了一定的研究成果。从 20 世纪 90 年代开始，随着中德两国在职业教育领域的不断交流与合作，我国教育界对德国"双元制"职业教育的认识也在不断深入，与此同时，一些研究德国"双元制"职业教育的著作相继出版，例如，上海职业技术教育研究所的雷正光编著的《德国"双元制"教学模式初探》，该书系统分析了"双元制"职业教育的特点、课程结构、教学与培训的组织与实施、存在的问题以及如何借鉴其合理成分以促进我国职业教育的发展。它让我们了解了"双元制"职业教育的结构以及教学与培训的特色，为我们合理借鉴"双元制"职业教育的先进经验提供了启示。

由国家教委职业技术教育中心研究所编著的《历史与现状——德国"双元制"职业教育》对德国"双元制"职业教育的背景、管理与教育机构、课程设置与教学实施、师资培训及考核等进行了系统阐述，在此基础上，对"双元制"职业教育面临的问题及改革前景进行了分析，它为我国进一步研究"双元制"职业教育的成功经验奠定了基础。

姜大源、吴全全编著的《当代德国职业教育主流教学思想研究：理论、实践与创新》系统阐述了德国职业教育深层次的哲学思想和理论基础，在此基础上，研究了对职业教育产生重大影响的教育理念、专业课程方案、教学方法、职业专业教学论等方面的内容，使我们对德国职业教学理念有了新的认识和理解，为我国职业教育的教学改革提供了理论依据和可供操作的实施策略。

随着研究的不断深入，我国学者开始对德国"双元制"职业教育所涉及的不同领域展开专门的研究。从总体上看，这些研究主要涉及"双元制"职业教育生成的社会文化背景、德国企业参与"双元制"职业教育的动机、德国职业教育发展动态、职业学校课程改革等方面。

1. 德国"双元制"文化背景的研究

德国特有的社会文化背景对"双元制"职业教育的产生和发展产生了重大的影响。朱晓斌在其发表的《文化形态与职业教育德国"双元制"职业教育模式的文化分析》（比较教育研究 1997 年第 3 期）一文中分析了"双元制"职业教育生成的社会文化背景。他认为，"从德国'双元制'模式的发展历程看，德意志民族特有的思维方式、价值取向、社会认同感和文化传承方式是其发展的文化基础，正是在这个基础之上，经济需求的原动力才得以推动它的发展，反过来它又能促进经济的起飞，使得职业教育与社会配合默契。"我们应该立足于本国国情，合理地借鉴德国职业教育发展的成功理论和经验，建立具有中国特色的职业教育模式，满足社会对高素质技术人才的需求。

周丽华、李守福在《企业自主与国家调控——德国"双元制"职业教育的社会文化及制度基础解析》（比较教育研究 2004 年第 10 期）一文中，从学徒培训的行会传统、德意志民族文化传统中独特的自由观以及社会市场经济制度三方面，分析德国"双元制"职业教育产生的社会因素，揭示了中德两国职业教育存在差异的深层原因，从而为我国合理借鉴德国"双元制"职业教育提供了理论依据。

2. "双元制"职业内涵与机理的研究

杨玉宝发表的《对德国"双元制"职业教育的新认识》一文指出，实际上，德国的"双元制"职业教育体系的决定因素不只是学习地点，即"双元"不止是对两种教学组织的概括，而是意味着系统内部两种不同法律模式下的一体化控制体系：属于私法领域的企业与属于公法领域的国家和政府。

天津大学的柴彦辉、周志刚发表的《"双元制"的可移植性研究：机理、内涵与借鉴——教育资源开发的视角》（教育科学 2008 年第 5 期）认为，"由于文化适应性的问题，我国在借鉴'双元制'职业教育时遇到了障碍。因此，我们可以从企业资源开发的视角来研究如何合理借鉴'双元制'的成功经验。'双元制'实质上是制度化的和政策主导式的企业型教育资源开发，研究校企合作，必须考虑企业的需求，因为这是企业参与职业教育的起点"。文章从企业培训资源开发的视角分析了借鉴"双元制"的可操作性，并且提出了借鉴"双元制"应注意的四个环节："培育企业类教育资源；建立收益保障机制；测算开发成本并合理分摊成本；建设学习者职业发展渠道。"该研究为我国合理借鉴"双元制"职业教育，探索有中国特色职业教育模式提供了新的研究视角。

3. 企业参与"双元制"职业教育动机研究

此类研究伴随着人们对校企合作职业教育模式关注程度的提高而逐渐增长，我国学者主要围绕企业参与职业教育的收益分析开展研究。例如，姜大源在《德国企业在职业教育中的作用及成本效益分析》（中国职业技术教育2004年第8期）一文中，分析了企业参与"双元制"职业教育的成本与收益情况，他认为："从微观经济学的观点分析，企业对职业教育的投资也并非只增加成本，实际上还是可以获得相当大的经济效应的，这种效应既包括直接的经济利益，也包括潜在的经济利益和社会效应。特别是从宏观教育经济学的观点分析，企业对职业教育的投资是对人力资源开发的投资，是企业未来发展的需要。"

许英在其发表的《德国职业教育的成本和效益分析》（职教论坛2003年第7期）一文中指出，企业参与职业教育除了可以为自身带来可观的经济利益，还包括隐性的经济利益和社会效应，包括社会效应、企业直接从职业培训中获得专业人才、增加企业凝聚力、系统化开发企业人力资源、减少人力成本五个方面，从而为企业的发展带来了持久的利益。

4. 职业学校的课程改革研究

徐涵在《德国学习领域课程方案的基本特征》（教育发展研究2008年第1期）一文中分析了职业学校课程改革的特点并指出："它以典型的职业工作任务为核心来组织、建构课程内容；强调工作过程知识的重要性；其目的是培养学生建构或参与建构工作世界的能力。"以典型的职业工作为依托构建学习内容，有效地解决了传统的"双元制"职业学校教学与企业的职业培训相脱离的弊端，使理论学习内容与实践学习内容通过项目或者是工作任务紧密地结合在一起。

杨黎明在《关于联邦德国学习领域的改革》(职教论坛 2008 年 10 月)一文中认为:"所谓学习领域,就是根据职业任务和职业行为过程设计的一个主题单元,有具体的目标、内容以及教学时数的说明。实质上,学习领域就是从教学的角度对职业的实际工作内容进行加工和处理。"

5. 德国职业教育发展动态研究

为了适应社会发展的需要,联邦政府对"双元制"职业教育进行了调整。我国学者对"双元制"的改革动向进行了研究。例如,姜大源在《着眼于未来的理性思辨:坚持与改革——德国"双元制"职业教育近期发展动态综述》(吉林工程技术师范学院学报 2004 年第 5 期)一文中分析了"双元制"职业教育的改革,从联邦议会共识、培训攻势行动、法律改革要点、各州要求清单等层面,对德国职业教育改革的态势进行分析,肯定了"双元制"在全球化、网络化背景下的存在价值与发展潜力,让我们对以"双元制"为基础的德国职业教育发展形成了一个总体性的认识与把握。

(三) 主要专家及其著作

从现有的研究来看,国内学者对"双元制"的研究主要集中在其内涵、特点、实施模式、应用领域以及存在问题等方面。同时,也有学者关注到了"双元制"在我国职业教育改革中的创新应用,以及如何根据我国国情进行本土化改造的问题。以下列出一些比较著名的专家学者的著作及其对"双元制"职业教育模式的研究情况。

1. 姜大源教授与《德国"双元制"职业教育再解读》

姜大源教授是我国职业教育领域的知名专家,他对德国"双元制"职业教育有深入的研究。在其著作《德国"双元制"职业教育再解读》中,他详细解读了德国"双元制"职业教育的历史背景、基本理念、实施模式以及发展趋势等。同时,他还结合我国职业教育的实际情况,提出了借鉴德国"双元制"职业教育的思路和建议。

2. 徐国庆教授与《职业教育原理》

徐国庆教授是华东师范大学职业教育与成人教育研究所的所长,他对德国"双元制"职业教育模式有深入的研究,并在其著作《职业教育原理》中,对"双元制"职业教育模式进行了详细的介绍和分析。他深入探讨了德国"双元制"职业教育模式的特点、优势以及在我国职业教育中的应用前景。徐国庆教授认为,德国"双元制"职业教育模式注重学校与企业的合作,强调实践技能的培养,对于我国职业教育的改革和创新具有重要的借鉴意义。

3. 赵志群教授与《职业教育工学结合一体化课程开发指南》

赵志群是北京师范大学职业教育与成人教育研究所的教授,长期从事职业教育课程与教学研究,对德国"双元制"职业教育模式有深入的研究。在《职业教育工学结合一体化课程开发指南》中,他详细介绍了德国"双元制"职业教育模式的课程设计、教学方法以及评价体系等方面的内容,并结合我国职业教育的实际情况,提出了具体的课程开发建议和实施策略。赵志群教授认为,德国"双元制"职业教育模式的课程设计注重实践技能的培养和职业素养的提升,对于我国职业教育课程的改革和创新具有重要的指导意义。

4. 李俊教授与《德国"双元制"职业教育本土化的探索与实践》

李俊是同济大学职业技术教育学院的教授,他长期从事职业教育研究和教学工作,对德国"双元制"职业教育模式有深入的研究。在《德国"双元制"职业教育本土化的探索与实践》中,他详细介绍了德国"双元制"职业教育模式的基本理念、实施策略以及在我国职业教育中的本土化实践。李俊教授认为,德国"双元制"职业教育模式的本土化实践需要结合我国职业教育的实际情况,注重学校与企业的合作,加强实践技能的培养,提高职业教育的质量和水平。同时,他还提出了具体的实践建议和实施策略,为我国职业教育的改革和创新提供了有益的参考。

5. 黄日强教授与《德国"双元制"职业教育的改革与发展》

黄日强教授长期关注和研究德国职业教育,特别是"双元制"的发展。在《德国"双元制"职业教育的改革与发展》一书中,他系统梳理了德国"双元制"职业教育的历史演变、主要特点、改革动态及其对德国经济发展的贡献。还深入分析了德国"双元制"在面临挑战时的应对策略,为我国职业教育的发展提供了宝贵的启示。

6. 关晶副教授与《职业教育现代学徒制的比较与借鉴》

关晶副教授是上海师范大学教育学院的研究者，她在比较教育研究领域有着深厚的功底。在《职业教育现代学徒制的比较与借鉴》一书中，她详细比较了德国、英国等国的现代学徒制实践，特别关注了德国"双元制"在现代学徒制中的表现。通过深入的国别比较，关晶副教授为读者展示了德国"双元制"在全球职业教育领域中的独特地位和影响力，同时也为我国现代学徒制的构建提供了有力的参考。

7. 杨黎明教授与《关于德国"双元制"职业教育模式的理性思考》

杨黎明教授是我国职业教育领域的资深专家，他在《关于德国"双元制"职业教育模式的理性思考》一文中，对德国"双元制"进行了深入的剖析和思考。杨教授从教育理念、制度设计、实施策略等多个角度对德国"双元制"进行了全面的评价，并提出了自己的见解和建议。他认为，德国"双元制"的成功不仅在于其独特的制度设计，更在于其深厚的教育理念和社会文化基础。因此，我国在借鉴德国"双元制"时，不仅要学习其制度层面的设计，更要深入理解其背后的教育理念和文化内涵。

8. 陈衍研究员与《传承与超越：德国"双元制"职业教育探析》

陈衍研究员是我国职业教育研究领域的知名专家，他在《传承与超越：德国"双元制"职业教育探析》一文中，对德国"双元制"的传承与发展进行了深入的分析。陈研究员认为，德国"双元制"职业教育之所以能够在全球范围内产生广泛影响，不仅在于其悠久的历史传统和独特的制度设计，更在于其不断地创新和发展。他指出，德国在保持"双元制"基本理念的同时，根据时代的变化和社会的需求不断进行调整和创新，使"双元制"始终保持着强大的生命力和活力。这对于我国职业教育的发展具有重要的启示意义。

9. 石伟平教授与《比较职业技术教育》

石伟平教授是华东师范大学职业教育与成人教育研究所的知名学者，对国际职业教育，特别是德国"双元制"职业教育模式有深入的研究。在《比较职业技术教育》一书中，石教授对包括德国在内的多个国家的职业教育体系进行了比较分析，其中对德国"双元制"的介绍尤为详尽。他深入剖析了德国"双元制"的结构、特点、运行机制以及面临的挑战，为我国职业教育的发展提供了国际视野和有益借鉴。

10. 雷正光教授与《德国"双元制"教学模式初探》

雷正光教授长期致力于职业教育的教学与研究工作，对德国"双元制"有独到的见解。在《德国"双元制"教学模式初探》一书中，雷教授详细介绍了德国"双元制"教学模式的理论基础、实施过程、教学特点以及评价体系。他通过对比分析中德职业教育的异同，提出了我国职业教育在借鉴德国"双元制"时应注意的问题和可能的改进方向。

11. 姜峰博士与《德国"双元制"职业教育：历史、现状与展望》

姜峰博士是一位年轻的职业教育研究者，对德国"双元制"职业教育有深入的研究。在《德国"双元制"职业教育：历史、现状与展望》一书中，姜博士系统梳理了德国"双元制"职业教育的历史发展脉络，详细介绍了其现状和特点，并对未来的发展趋势进行了展望。他的研究不仅丰富了我们对德国"双元制"的认识，也为我国职业教育的改革和发展提供了有益的参考。

12. 周新源与《本土化构建：现代学徒制太仓模式》

周新源是正高级讲师，太仓市"双元制"教育研究院院长，他对"双元制"在我国的本土化实践有深入的研究。在《本土化构建：现代学徒制太仓模式》一书中，他详细介绍了太仓市在引进德国"双元制"职业教育过程中，如何进行本土化改造和创新实践的经验与做法。该著作对于推动我国职业教育改革和创新具有重要的参考价值。

13. 王辉与"新"双元制"职业教育理念

王辉是营口市农业工程学校中德产业学院副院长，他结合多年的教学经验和企业实践，提出了"新"双元制"职业教育理念。他认为，"双元制"的核心在于学校与企业的深度合作，共同培养学生。在此基础上，他进一步强调了理论与实践的结合，提出了"理论—实践—再理论"的教学模式。这一模式不仅注重学生的理论学习，更强调学生的实践操作能力和职业素养的培养。同时，他还针对当前我国职业教育存在的问题，提出了具体的改革措施和建议。

综上所述，我国职业教育界非常重视对德国"双元制"职业教育的研究，并取得了丰厚的研究成果，为我国职业教育改革提供了理论支持。总体来看，我们的研究仍有不足之处，有许多问题尚需进一步探索。例如如何借鉴德国职业教育的先进经验来完善我国职业教育管理体制；如何鼓励企业积极参与职业教育；如何提高教学质量；如何培养合格的职业教育师资队伍等，这就要求我们进一步加大研究力度，从而不断创造新的研究成果。通过对上述研究成果的分析，笔者希望在众多前期研究的基础上进一步丰富"双元制"职业教育的研究。

三、结论与展望

从以上论述可以看出，国内关于"双元制"的研究成果已经相当丰富。各位专家从不同的角度对"双元制"进行了深入的研究和探讨，为我国职业教育的改革和创新提供了有益的借鉴和参考。然而，与德国等发达国家相比，我国在"双元制"的实践和应用上还存在一定的差距和不足。未来，我们需要进一步加强对"双元制"的研究和探索，不断完善其在我国职业教育中的应用和实践，为推动我国职业教育的改革和创新作出更大的贡献。同时，我们也期待更多的学者和教育机构加入"双元制"的研究中，共同推动我国职业教育的发展。

第二章 德国职业教育"双元制"的 中国借鉴

一、政策梳理及内涵分析

近十年来，我国政府出台了一系列职业教育改革的政策性文件。这些文件主要围绕职业教育的改革与发展，也强调了借鉴德国等先进国家的职业教育经验，特别是德国"双元制"职业教育模式。

(一)《国务院关于加快发展现代职业教育的决定》

2014 年，发布《国务院关于加快发展现代职业教育的决定》(以下简称《决定》)

论述部分：《决定》提出要"推进人才培养模式创新。坚持校企合作、工学结合，强化教学、学习、实训相融合的教育教学活动。推行项目教学、案例教学、工作过程导向教学等教学模式。加大实习实训在教学中的比重，创新顶岗实习形式，强化以育人为目标的实习实训考核评价。健全学生实习责任保险制度。积极推进学历证书和职业资格证书'双证书'制度。开展校企联合招生、联合培养的现代学徒制试点，完善支持政策，推进校企一体化育人。开展职业技能竞赛"，这一论述与德国"双元制"中强调的校企合作、工学结合以及实践教学等理念高度契合。

《决定》是中国职业教育发展史上具有里程碑意义的一份政策文件。该文件针对当时职业教育面临的形势和任务，提出了一系列加快发展现代职业教育的重大政策措施。

具体来说，《决定》提倡通过校企合作、工学结合的方式，将学校的教学与企业的实践紧密结合起来，使学生在学习过程中能够接触到真实的工作环境和任务，从而提高其职业技能和综合素质。这种校企合作、工学结合的教学模式，正是德国"双元制"职业教育模式的核心特点之一。

同时，《决定》还强调了实践教学在职业教育中的重要地位。提出推行项目教学、案例教学、工作过程导向教学等教学模式，以及加大实习实训在教学中的比重，创新顶岗实习形式等措施，文件旨在强化对学生的实践能力和职业技能的培养。这些举措与德国"双元制"中注重实践教学的理念不谋而合，有助于提高学生的就业竞争力和适应能力。

此外，《决定》还提出了积极推进学历证书和职业资格证书"双证书"制度的建议。这意味着职业教育不仅要关注学生的学历教育，还注重其职业技能的培养和认证。这种"双证书"制度有助于提升学生的职业素养和就业能力，也是德国"双元制"职业教育模式中的重要组成部分。

总的来说，《决定》中的论述部分充分体现了对德国"双元制"职业教育模式的借鉴和学习。通过推进人才培养模式创新、加强实践教学和校企合作等措施，中国职业教育正逐步向高质量、内涵式发展迈进，为经济社会发展提供坚实的人才支撑。

《决定》是我国在职业教育领域的一次重大政策部署，旨在全面提升职业教育的质量和水平，更好地服务于经济社会发展和人的全面发展。

1. 校企合作与工学结合的核心理念

德国"双元制"职业教育模式强调学校与企业的紧密合作，学生在学校学习理论知识，同时在企业接受实践技能培训，实现工学交替进行。在《决定》中，同样明确提出了"坚持校企合作、工学结合"，这正是对德国"双元制"核心要素的准确把握和应用。校企合作能够将企业的实际需求和最新的技术应用及时融入教学之中，保证教育与市场需求的紧密对接；而工学结合则能够确保学生在掌握理论知识的同时，通过实践操作来加深理解和应用，提高技能水平。

2. 强化实践教学的重要性

实践教学是德国"双元制"职业教育中不可或缺的一环,它强调通过实际操作来培养学生的职业技能和职业素养。《决定》中提到的"强化教学、学习、实训相融合的教育教学活动""推行项目教学、案例教学、工作过程导向教学等教学模式",以及"加大实习实训在教学中的比重"等举措,都是重视实践教学的具体体现。这些做法有助于改变过去职业教育中重理论轻实践的倾向,使教学更加贴近实际,提高学生的动手能力和解决问题的能力。

3. 学历证书与职业资格证书的并重

德国"双元制"职业教育注重学历教育与职业资格认证的有机结合,学生在完成学业后不仅能获得学历证书,还能获得相应的职业资格证书。《决定》中提出的"积极推进学历证书和职业资格证书'双证书'制度",正是借鉴了这一做法。这一制度能够确保学生在接受职业教育的同时,获得社会和企业认可的职业资格,提高其就业竞争力和职业发展空间。

4. 现代学徒制的探索与实践

现代学徒制是德国"双元制"职业教育的一种重要形式,它通过校企联合招生、联合培养的方式,使学生在学习过程中就能与企业建立联系,实现学习与就业的有机衔接。《决定》中提出"开展校企联合招生、联合培养的现代学徒制试点",表明我国正在积极探索这一先进的职业教育模式。通过试点和实践,可以逐步建立起符合我国国情的现代学徒制职业教育体系,为职业教育的发展注入新的活力。

综上所述,《决定》中提出的推进人才培养模式创新、坚持校企合作、工学结合、强化实践教学等举措,与德国"双元制"职业教育的核心理念高度契合。这些理念和举措的引入及实施,将有助于我国职业教育质量的提升和内涵的发展,为培养更多高素质技术技能人才提供有力支撑。

(二)《教育部关于深化职业教育教学改革全面提高人才培养质量的若干意见》

2015 年,发布《教育部关于深化职业教育教学改革全面提高人才培养质量的若干意见》(以下简称《意见》)。

论述部分:《意见》指出要"坚持产教融合、校企合作。推动教育教学改革与产业转型升级衔接配套,加强行业指导、评价和服务,发挥企业重要办学主体作用,推进行业企业参与人才培养全过程,实现校企协同育人"。这体现了德国职业教育"双元制"中企业作为重要教育主体的思想。

《意见》是中国职业教育改革与发展过程中的一份重要文件,对于推动职业教育与经济社会同步发展、加强技术技能人才培养工作具有重要意义。文件中关于坚持产教融合、校企合作的论述,体现了对德国"双元制"职业教育模式的借鉴与学习。

在德国"双元制"职业教育模式中,企业不仅是学生实践学习的场所,更是职业教育的重要办学主体。企业与学校共同参与职业教育的全过程,包括制定教学计划、实施教学、组织实习实训、进行学生评价等。这种模式使职业教育更加贴近市场需求和产业发展,提高了学生的职业能力和就业竞争力。

同样地,《意见》也强调了企业的办学主体作用,并提出了具体的实施举措。例如,《意见》提倡通过产教融合、校企合作的方式,推动教育教学改革与产业转型升级相衔接,加强行业企业对职业教育的指导、评价和服务。这意味着职业教育需要紧密关注市场需求和产业发展趋势,及时调整专业设置和教学内容,以满足社会对技术技能人才的需求。

同时,还强调了行业企业在人才培养过程中的参与,实现校企协同育人。这意味着企业需要深度参与职业教育的各个环节,包括制定人才培养方案、实施教学、组织实习实训等。通过与学校的紧密合作,企业可以将自身的技术、设备和经验等优势资源引入职业教育中,提高学生的实践能力和综合素质。

总的来说,《意见》中关于坚持产教融合、校企合作的论述,体现了对德国"双元制"职业教育模式的借鉴和学习。通过发挥企业的办学主体作用、加强行业企业的指导和参与,中国职业教育可以更加贴近市场需求和产业发展,提高技术技能人才的培养质量和水平。

《意见》是我国职业教育改革与发展的重要指导性文件,其中明确提出了坚持产教融合、校企合作的基本原则,这与德国"双元制"职业教育的核心理念不谋而合。以下是对该政策文件中向德国学习"双元制"职业教育内涵的详细论述。

1. 产教融合:构建职业教育与产业发展的紧密联系

德国"双元制"职业教育的一个显著特点就是产教融合,即职业教育与产业发展紧密相连,教育内容紧密贴合市场需求。《意见》中提出的"坚持产教融合",正是对德国"双元制"这一成功经验的借鉴。通过产教融合,职业教育能够更好地服务于产业发展,为经济社会发展提供有力的人才支撑。同时,产教融合也有助于提高职业教育的针对性和实效性,确保所培养的人才符合市场需求。

2. 校企合作:实现校企协同育人

在德国"双元制"职业教育中,企业是重要的教育主体之一,与学校共同承担人才培养的责任。《意见》中提出的"校企合作",正是这一理念的体现。通过校企合作,学校可以充分利用企业的资源优势和市场需求信息,调整专业设置和教学内容,确保所培养的人才符合企业需求。同时,企业也可以参与到人才培养的全过程中,通过提供实习实训场所、参与课程开发等方式,与学校共同培养出符合市场需求的高素质技术技能人才。

3. 发挥企业重要办学主体作用

《意见》中明确提出要"发挥企业重要办学主体作用",这进一步强调了企业在职业教育中的重要地位。在德国"双元制"职业教育中,企业不仅是学生的实习实训场所,更是参与人才培养全过程的重要主体。通过发挥企业的重要办学主体作用,可以推动职业教育与产业发展的深度融合,实现校企协同育人。同时,也有助于激发企业参与职业教育的积极性和主动性,促进职业教育的健康发展。

4. 推进行业企业参与人才培养全过程

《意见》中还提出要"推进行业企业参与人才培养全过程",这是对校企合作模式的进一步深化。通过推进行业企业参与人才培养全过程,可以实现学校教学与企业生产的无缝对接，使学生在学习过程中就能接触到真实的工作环境和工作任务。这有助于提高学生的实践能力和职业素养，使其更好地适应市场需求和就业竞争。同时，也有助于促进学校与企业的深度合作和资源共享，推动职业教育的整体提升。

综上所述，《意见》中提出的坚持产教融合、校企合作等原则，体现了对德国"双元制"职业教育成功经验的借鉴和学习。通过深化产教融合、加强校企合作、发挥企业重要办学主体作用，以及推进行业企业参与人才培养全过程等举措的实施，可以推动我国职业教育的改革与发展，提高人才培养质量和水平，为经济社会发展提供更加坚实的人才支撑。

(三)《国家职业教育改革实施方案》

2019年，国务院发布《国家职业教育改革实施方案》(以下简称《实施方案》)。

论述部分:《实施方案》中提出"借鉴'双元制'等模式，总结现代学徒制和企业新型学徒制试点经验，校企共同研究制定人才培养方案，及时将新技术、新工艺、新规范纳入教学标准和教学内容，强化学生实习实训。"直接提到了借鉴德国"双元制"模式，并在实践教学中进行应用。

《实施方案》也被称为"职教20条"，是中国职业教育改革的重要里程碑。在这份具有指导性的政策文件中，明确提出了借鉴德国"双元制"等模式，以深化产教融合、加强校企合作为主线，推动中国职业教育的整体改革与发展。

1. 双主体育人

德国"双元制"模式强调学校与企业作为职业教育的双主体，共同承担人才培养的责任。在《实施方案》中，这一理念得到了充分的体现。文件提出校企要共同研究制定人才培养方案，意味着学校不再是单一的教育提供者，而是需要与企业紧密合作，共同确定培养目标、课程设置、实习实训等关键环节。

2. 对接市场需求

德国"双元制"职业教育之所以成功，很大程度上是因为它能够紧密对接市场需求，及时调整专业设置和教学内容。在《实施方案》中，也强调了要及时将新技术、新工艺、新规范纳入教学标准和教学内容。这要求职业教育必须保持高度敏感，紧跟产业发展和技术变革的步伐，确保所培养的人才符合市场需求。

3. 强化实践教学

实践教学是德国"双元制"模式的核心组成部分。在《实施方案》中，明确提出了要强化学生实习实训，这既是对德国经验的借鉴，也是对中国职业教育长期以来实践教学环节薄弱的反思和改进。通过加强实践教学，可以提高学生的动手能力、创新能力和解决实际问题的能力。

4. 完善政策支持

德国"双元制"模式的成功离不开政府的政策支持和引导。《实施方案》在提出借鉴"双元制"等模式的同时，也强调了要完善相关政策支持。这包括制定更加灵活的学制、提供更加充足的经费支持、建立更加完善的法律保障体系等，以确保职业教育改革的顺利进行。

5. 注重质量评价

德国职业教育注重质量评价和反馈机制的建设。《实施方案》也提到了要建立职业教育质量评价和督导评估制度，这意味着中国职业教育将更加注重办学质量和教育效果的评价，通过科学的评估体系来指导职业教育的改进和发展。

综上所述，《实施方案》中借鉴德国"双元制"模式的内涵主要体现在双主体育人、对接市场需求、强化实践教学、完善政策支持和注重质量评价等方面。这些理念和举措的引入，将有力推动中国职业教育的改革与发展，提高技术技能人才的培养质量和水平，为经济社会发展提供坚实的人才支撑。

(四)《职业教育提质培优行动计划（2020—2023年)》

2020年，教育部发布《职业教育提质培优行动计划（2020—2023年)》

（以下简称《行动计划》）。

论述部分：在《行动计划》中，强调要深化产教融合、校企合作，育训结合，健全多元化办学格局，推动企业深度参与职业教育，瞄准技术变革和产业优化升级的方向，推进产教融合试点城市、产教融合型企业建设，培育数以万计的产教融合型企业，打造一批优秀职业教育培训评价组织，推动建设300个左右具有辐射引领作用的高水平专业化产教融合实训基地。

《行动计划》是教育部为贯彻落实党中央、国务院关于职业教育改革发展的决策部署，推动职业教育高质量发展而制定的一份重要文件。在《行动计划》中，虽然没有直接提到“双元制”这一术语，但其所强调的深化产教融合、加强校企合作等核心理念与德国“双元制”职业教育的内涵高度一致。

1. 深化产教融合

德国“双元制”职业教育模式的核心特点就是产教融合，即学校教育与企业培训紧密结合。《行动计划》中强调要深化产教融合，这意味着职业教育要更加贴近产业发展需求，与产业界形成紧密的合作关系。通过产教融合，学校可以及时了解行业发展趋势和市场需求，调整专业设置和教学内容，确保所培养的人才符合行业企业的实际需求。

2. 校企合作育人

校企合作是德国“双元制”职业教育模式的另一重要特征。《行动计划》中提出要推动企业深度参与职业教育，这实质上就是要构建校企合作的育人机制。企业不仅为学生提供实习实训场所，还参与人才培养方案的制定、课程开发、教学实施等全过程。通过校企合作，学生可以接触到真实的工作环境和工作任务，提高实践能力和职业素养。

3. 育训结合

《行动计划》中提到的“育训结合”，也是借鉴了德国“双元制”职业教育模式中注重实践训练的理念。育训结合强调在职业教育过程中，既要注重知识的传授，又要加强实践技能的训练。这种教育模式有助于培养学生的综合素质和职业能力，使他们更好地适应市场需求和就业竞争。

4. 多元化办学格局

《行动计划》中提出要健全多元化办学格局，这包括鼓励企业、社会力量等多元主体参与职业教育办学。这与德国"双元制"职业教育中的多元化参与机制相契合。在德国，除了学校和企业，还有行业协会、工会等多元主体参与职业教育的管理和决策。这种多元化办学格局有助于调动各方面的积极性和资源，共同推动职业教育的发展。

5. 高水平专业化产教融合实训基地建设

《行动计划》中提出要推动建设高水平专业化产教融合实训基地，这是借鉴德国"双元制"职业教育中注重实践教学和技能培训的具体举措。高水平专业化产教融合实训基地建设，将为学生提供更加先进的实训设备和更加真实的实训环境，有助于提高学生的实践能力和职业技能水平。

综上所述，《行动计划》中虽然没有直接提到"双元制"，但其所强调的深化产教融合、校企合作育人、育训结合等核心理念与德国"双元制"职业教育的内涵高度一致。通过借鉴德国"双元制"职业教育的成功经验，中国职业教育将不断深化改革，提高人才培养质量和水平，为经济社会发展提供更加坚实的人才支撑。

这些政策性文件的出台，不仅为中国职业教育的发展提供了明确的指导方向，也为学习借鉴德国"双元制"职业教育模式提供了有力的政策支持和保障。通过不断深化产教融合、校企合作，加强实践教学和实习实训，中国职业教育正逐步向高质量、内涵式发展迈进。

（五）《关于推动现代职业教育高质量发展的意见》

2021 年，中共中央办公厅、国务院办公厅发布《关于推动现代职业教育高质量发展的意见》（以下简称《意见》）。

论述部分：《意见》提出，鼓励企业参与职业教育，并在职业学校、应用型本科高校启动"学历证书+若干职业技能等级证书"制度试点工作。这与德国"双元制"中注重学历教育与职业技能培训相结合的理念相吻合。《意见》还强调要"深化产教融合、校企合作，完善职业教育和培训体系，优化职业学校和专业布局，深化办学体制改革和育人机制改革"。

《意见》是我国在新时代背景下对职业教育发展做出的重要规划和部署。《意见》中提出的一系列政策措施，与德国"双元制"职业教育的核心理念和实践经验有着密切的关联。以下是对该政策文件中向德国学习"双元制"职业教育内涵的详细论述。

1. 鼓励企业参与职业教育

德国"双元制"职业教育的一个显著特点就是企业的深度参与。在德国，企业不仅是职业教育的接收方，更是重要的办学主体，与学校共同承担人才培养的责任。《意见》中提出的"鼓励企业参与职业教育"，正是对德国"双元制"这一成功经验的借鉴。通过鼓励企业参与职业教育，可以加强学校与企业的联系，促进教育内容与市场需求的紧密对接，提高职业教育的针对性和实效性。同时，企业参与职业教育也有助于提升学生的实践能力和职业素养，为其未来的职业发展打下坚实的基础。

2. 学历证书与职业技能等级证书相结合

《意见》中提出在职业学校、应用型本科高校启动"学历证书+若干职业技能等级证书"制度试点工作，这与德国"双元制"中注重学历教育与职业技能培训相结合的理念相吻合。在德国，学生在完成职业教育后，不仅可以获得学历证书，还可以获得相应的职业技能等级资格证书，这种"双证书"制度确保了学生的综合素质和职业能力得到全面认可。通过实行学历证书与职业技能等级证书相结合的制度，可以进一步提高学生的就业竞争力和职业发展空间，满足社会对高素质技术技能人才的需求。

3. 深化产教融合、校企合作

《意见》中强调要"深化产教融合、校企合作"，这是德国"双元制"职业教育的核心要素之一。产教融合是指产业界与教育界之间的深度合作，通过共同制定人才培养方案、共建实训基地、共享教学资源等方式，实现教育与产业的有机融合。校企合作则是学校与企业之间的紧密合作，通过校企合作，学校可以及时地了解市场需求和行业动态，调整专业设置和教学内容；企业则可以参与到人才培养的全过程中，为学生提供实习实训机会和就业指导。《意见》中提出的深化产教融合、加强校企合作，旨在推动职业教育与产业的深度融合，实现校企协同育人。

4. 完善职业教育和培训体系

德国"双元制"职业教育注重实践性和应用性，强调学生的实际操作能力和问题解决能力。《意见》中提出的"完善职业教育和培训体系"，旨在构建更加完善、更加适应市场需求的职业教育和培训体系。通过加强实践教学、技能训练、创新创业教育等方面的改革和创新，提高学生的综合素质和职业能力；同时加强职业培训体系的建设和完善，为在职人员提供多样化的职业培训机会和途径。

5. 优化职业学校和专业布局

德国"双元制"职业教育注重学校与企业的紧密联系和合作，同时也注重学校之间的合作与资源共享。《意见》中提出的"优化职业学校和专业布局"，旨在推动职业教育资源的优化配置和共享利用。通过加强区域统筹和校际合作，优化职业学校和专业布局；同时加强与国际先进职业教育的交流与合作，引进优质教育资源和先进教育模式。

6. 深化办学体制改革和育人机制改革

德国"双元制"职业教育的成功经验之一是其灵活多样的办学体制和育人机制。《意见》中提出的"深化办学体制改革和育人机制改革"，旨在推动职业教育的体制机制和育人模式的创新和发展。通过加强政策支持和引导，激发社会力量参与职业教育的积极性和创造性；同时推动职业学校内部管理体制改革和教育教学改革，创新人才培养模式和教学方法。

综上所述，《意见》中提出的政策措施与德国"双元制"职业教育的核心理念和实践经验有着密切的关联。通过借鉴德国"双元制"职业教育的成功经验，可以推动我国职业教育的改革与发展，提高人才培养质量和水平。

(六)《关于深化产教融合的若干意见》

2017年，国务院办公厅发布《关于深化产教融合的若干意见》(以下简称《意见》)。

论述部分：虽然《意见》中并未直接提及"双元制"，但强调要"逐步提高行业企业参与办学程度，健全多元化办学体制，全面推行校企协同育人，用10年左右时间，教育和产业统筹融合、良性互动的发展格局总体形成"。这与德国"双元制"强调的校企合作、产教融合的核心理念一致。

《意见》是我国为推进职业教育和产业发展深度融合而制定的重要政策文件。虽然文件中并未直接提及"双元制"这一术语，但其强调的校企合作、产教融合的核心理念与德国"双元制"职业教育有着异曲同工之妙。

1. 逐步提高行业企业参与办学程度

德国"双元制"职业教育的一个显著特点就是企业的深度参与。企业不仅提供实习实训场所，还参与人才培养方案的制定和实施，与学校共同承担人才培养的责任。《意见》中提出的"逐步提高行业企业参与办学程度"，正是对德国"双元制"这一成功经验的借鉴。通过提高行业企业参与办学程度，可以加强学校与企业的联系，促进教育内容与市场需求的紧密对接，提高职业教育的针对性和实效性。同时，行业企业的参与也有助于提升学生的实践能力和职业素养，为其未来的职业发展打下坚实的基础。

2. 健全多元化办学格局

德国"双元制"职业教育注重多元化的办学格局，鼓励各种社会力量参与职业教育。《意见》中提出的"健全多元化办学格局"，旨在打破政府单一办学的局面，引入更多的社会资源和力量，共同推动职业教育的发展。通过构建多元化办学格局，可以形成政府、企业、社会等多方共同参与的职业教育体系，为职业教育提供更多的资源和支持。

3. 全面推行校企协同育人

德国"双元制"职业教育强调学校与企业的协同育人，即学校与企业共同承担人才培养的责任，实现教育与产业的有机融合。《意见》中提出的"全面推行校企协同育人"，旨在推动学校与企业之间的深度合作，共同制定人才培养方案、共建实训基地、共享教学资源等，实现教育与产业的深度融合。通过校企协同育人，可以确保所培养的人才符合市场需求和行业标准，提高学生的就业竞争力，拓展职业发展空间。

4. 教育与产业统筹融合、良性互动的发展格局

《意见》中提出的目标是用 10 年左右时间，教育和产业统筹融合、良性互动的发展格局总体形成。这一目标体现了对德国"双元制"职业教育中教育与产业紧密融合的成功经验的借鉴。在德国"双元制"职业教育中，教育与产业是相互依存、相互促进的关系，通过深度合作和资源共享，实现教育与产业的共同发展。《意见》提出的这一目标旨在推动我国职业教育与产业的深度融合和共同发展，形成教育与产业良性互动的格局。

综上所述，《意见》中强调的校企合作、产教融合的核心理念与德国"双元制"职业教育有着密切的联系。通过借鉴德国"双元制"职业教育的成功经验，可以推动我国职业教育的改革与发展，提高人才培养质量和水平，为经济社会发展提供更加坚实的人才支撑。

(七)《建设产教融合型企业实施办法（试行）》

2019 年，国家发展改革委、教育部发布《建设产教融合型企业实施办法（试行）》（以下简称《实施办法》）。

论述部分：《实施办法》旨在通过政府引导、企业自愿、平等择优、先建后认、动态实施的基本原则建设产教融合型企业，并给予"金融+财政+土地+信用"的组合式激励，切实发挥企业在产教融合中的重要主体作用。这体现了德国"双元制"中企业作为重要教育主体的思想，并提供了具体的激励措施。

《实施办法》是我国为深化产教融合、校企合作，充分发挥企业在职业教育中的重要作用而制定的一项政策。该办法明确提出了政府引导、企业自愿、平等择优、先建后认、动态实施的基本原则，旨在建设一批产教融合型企业，并给予相应的激励措施。这些政策措施与德国"双元制"职业教育的核心理念和实践经验有着密切的关联，以下是对其内涵的详细论述。

1. 强调企业在职业教育中的重要主体作用

德国"双元制"职业教育的一个显著特点就是企业的深度参与和主体作用。企业不仅提供实习实训场所，还参与人才培养方案的制定和实施，与学

校共同承担人才培养的责任。《实施办法》中提出的"强调企业在职业教育中的重要主体作用",正是对德国"双元制"这一成功经验的借鉴。通过建设产教融合型企业,可以进一步加强企业与学校的联系和合作,促进教育内容与市场需求的紧密对接,提高职业教育的针对性和实效性。同时,也有助于提升学生的实践能力和职业素养,为其未来的职业发展打下坚实的基础。

2. 政府引导与企业自愿相结合

《实施办法》中提出的"政府引导、企业自愿"的原则,体现了政策制定者对企业主体作用的重视和尊重。政府通过制定政策、提供激励措施等方式,引导企业积极参与职业教育;而企业则根据自身发展需求和实际情况,自愿选择是否参与产教融合型企业建设。这种政府引导与企业自愿相结合的方式,有助于激发企业参与职业教育的积极性和主动性,促进职业教育的健康发展。

3. 平等择优与动态实施

《实施办法》中提出的"平等择优、先建后认、动态实施"的原则,体现了政策制定者对产教融合型企业建设质量和效果的关注。"平等择优"意味着在建设产教融合型企业时,要遵循公平竞争的原则,择优选择符合条件的企业进行认定和支持;"先建后认"则要求企业在获得认定之前,必须已经开展了实质性的产教融合工作;"动态实施"则强调对产教融合型企业的认定和支持是一个持续的过程,需要根据企业发展和市场需求的变化进行动态调整和优化。这些原则有助于确保产教融合型企业建设的质量和效果,提高职业教育的整体水平。

4. 提供"金融+财政+土地+信用"的组合式激励

为了鼓励企业积极参与产教融合型企业建设,《实施办法》提供了"金融+财政+土地+信用"的组合式激励措施。这些激励措施涵盖了金融支持、财政奖补、土地优先供给以及信用激励等多个方面,旨在从多个角度为企业提供全方位的支持和保障。这些激励措施有助于降低企业参与职业教育的成本和风险,提高其参与积极性和主动性,推动产教融合型企业建设的顺利开展。

综上所述，《实施办法》中提出的政策措施与德国"双元制"职业教育的核心理念和实践经验有着密切的关联。通过借鉴德国"双元制"职业教育的成功经验，结合我国实际情况制定并实施相关政策措施，可以推动我国职业教育的改革与发展，提高人才培养质量和水平。

以上这些政策文件的出台，进一步推动了中国职业教育向德国"双元制"职业教育模式的转型和发展。通过加强政策引导和支持，鼓励企业参与职业教育，深化产教融合和校企合作，中国职业教育正不断提升其质量和水平，为经济社会发展提供坚实的人才支撑。

需要注意的是，虽然这些政策文件中提到了与德国"双元制"相似的理念和做法，但中国的职业教育体系仍然具有自身的特点和特色，需要根据实际情况进行具体的实施和调整。同时，随着政策环境的不断变化和教育改革的深入推进，未来还会有更多相关政策文件出台以指导职业教育的发展。

二、"双元制"职业教育合作典型案例

德国"双元制"职业教育模式是全球公认的先进的职业教育模式，我国也早在20世纪80年代就开始引入"双元制"职业教育模式。该模式下，职业院校与企业形成紧密协作关系，双方共同制定教育方案，将理论教学与实践操作紧密结合，实现职业技能培养的双重保障。本文收集一些典型的职业院校"双元制"职业教育合作典型案例旨在深度解析我国职业教育中校企深度融合的成功实践。案例着重展现"双元制"职业教育模式下，如何通过共建实训基地、引入企业导师、实施工学交替、精准对接岗位需求等多元策略，有效提升学生的职业素养和就业竞争力，从而推动职业教育供给侧改革，服务于产业升级和社会经济发展，构建产教融合新生态，为我国职业教育创新发展提供有力借鉴与启示。

（一）国内同类实践经验

1. 太仓市经验

太仓市，被誉为"德企之乡"，凭借其深厚的德国企业合作背景，成功创

建了国内最大的德国职业资格考试和培训基地。这一创新实践不仅借鉴了德国"双元制"职业教育的精髓,还结合本地实际,构建了具有鲜明特色的现代学徒制教育模式——"太仓模式"。该模式以"政府主导、行业指导、校企主体、合同执行、成本分担"为主要特征,充分发挥了政府、行业、学校和企业等多方主体的作用,实现了教育资源的优化配置和高效利用。

在"太仓模式"下,政府发挥主导作用,为"双元制"职业教育提供政策支持和资金保障;行业组织积极参与,为学校和企业提供专业指导和建议;学校和企业则作为"双元制"教育的主体,共同承担人才培养的任务。通过校企合作,学生得以在真实的工作环境中学习和实践,从而快速掌握专业技能,提高就业竞争力。

此外,"太仓模式"还注重合同的执行和成本的分担。学校、企业和学徒之间签订三方协议,明确各方的权利和义务,确保教育的顺利实施。同时,通过政府补贴、企业投入和社会捐赠等多种渠道筹集资金,有效分担了教育成本,减轻了企业和学徒的经济负担。

经过多年的探索和实践,"太仓模式"已取得了显著成效。该模式为太仓市及周边地区的企业培养了近万名急需的技术技能型人才,有力推动了区域经济的持续健康发展。这些人才不仅具备扎实的专业知识和技能,还具有良好的职业素养和创新能力,成为企业转型升级和持续发展的重要支撑。

2. 南京高等职业技术学校经验

南京高等职业技术学校(原南京建筑职业技术教育中心)是国内教育领域中,率先试点并长期坚持实践德国"双元制"教育模式的先驱。该校通过精心设计的"复制—转换—迁移—创新"本土化路径,成功将德国先进的瓦工专业知识结构和内容转化为适应国内需求的工业与民用建筑专业课程。在此基础上,学校形成了以建筑工程技术为核心,辅以建筑设备、楼宇智能化等一系列骨干专业的完整建筑类专业群。

在不断创新与实践的过程中,南京高等职业技术学校在2007年成功建造了具有标杆意义的建筑综合实训中心,这不仅是对学生实践能力培养的重大投入,也是学校职业教育硬件设施的一大飞跃。此外,该校在教育教学改革方面取得的突出成果还获得了国家层面的认可，荣获四项国家级专利，充分体现了其在职业教育领域的深厚底蕴和创新能力。通过这些举措，南京高等职业技术学校为建筑行业培养了大量高素质、技能型的专业人才，为国家的建设与发展作出了重要贡献。

3. 苏州健雄职业技术学院经验

苏州健雄职业技术学院在深入研究和借鉴德国"双元制"职业教育模式的核心精髓后，结合本土实际，创新性地推出了"定岗双元"人才培养模式。这一模式紧密围绕特定岗位（群）的任职要求，强调学校与企业的深度合作与共同参与。通过校企双方共同制定详尽的培养方案和计划，确保教育内容与行业需求紧密对接。同时，确定理论与实践相结合的课程体系，开发适用性强的教材，以充分利用和整合校企双方的软硬件资源。在实施过程中，注重产学结合、工学交替的教学方式，使学生在校期间就能接触到真实的工作环境，从而有效缩短从学校到职场的距离，提高毕业生的就业竞争力和适应能力。苏州健雄职业技术学院的这一创新实践，不仅丰富了国内职业教育的内涵，也为其他院校提供了可借鉴的成功经验。

4. 四川建筑职业技术学院经验

四川建筑职业技术学院借鉴德国"双元制"人才培养模式，初步构建起"校企全程合作、施工过程导向、系统仿真训练、工学交替培养"的"123"人才培养模式。也就是一个培养目标（培养能够实现"零距离"上岗作业的一线施工技术人才和管理人才），两个培养场所（学校和企业），三个培养阶段（一年级二年级是专业平台阶段，主要是学习和本专业密切相关的各种基础知识理论和技能；三年级上学期是专业方向能力的强化阶段；而最后一学期则是深入企业的实践作业阶段）。这种人才培养模式覆盖了培养目标和培养过程两个主要因素。

5. 珠海城市职业技术学院经验

珠海城市职业技术学院依托广东省教育厅"粤德合作珠海职业教育与培训基地"，立足珠海智能制造企业岗位需求，遵循高等职业教育教学规律，探索与实践德国"双元制"本土化的"多域互通、融合提升"人才培养模式。

"多域互通、融合提升"人才培养模式，其内涵是借鉴德国"双元制"模式和德国工业机械工职业标准，建设"粤德基地"培训中心，在学校、"粤德基地"培训中心、企业多场域进行学校理论知识学习、培训中心技能培训、企业岗位实践互通培养、工学交替，实现德国教育职业标准、企业典型工作标准与人才培养方案的多元融合，提升学生包括专业能力、社会能力、方法能力在内的综合职业能力，并最终形成岗位职业能力。

6. 沙洲职业工学院经验

沙洲职业工学院将德国"双元制"教育模式本土化应用于高职数控技术实训教学中，总结出"1+3+4+1"式"任务驱动法"技能训练模式（即根据从事的典型工作岗位所需职业能力形成1个"学习领域"，"学习领域"又包含3个"学习项目"，每个"学习项目"由4个典型的"工作任务"组成，"工作任务"经过适当改造形成适合教学的1个"学习性工作任务"，根据职业特征将学习性工作任务分解为主题学习单元。这些学习性的工作任务最终形成12个由简单到复杂的"生产性实训"）。

7. 武汉城市职业学院经验

武汉城市职业学院汽车技术与服务学院依托戴姆勒铸星教育项目，在深刻理解德国"双元制"人才培养模式内涵的基础上，形成具有中国特色的"订单式"培养（订单班的教学大纲由戴姆勒铸星教育项目团队根据各梅赛德斯–奔驰经销商的需求制定，学习方式采用任务导向的理实一体化小班教学）。

8. 盘锦职业技术学院经验

盘锦职业技术学院与德国 GIZ（德国国际合作机构）、AHK（德国工商大会大中华区）、BSK（德国国际教育机构）机构搭建的平台，形成了该学院机电类专业"校企共育、定岗双元、三站互动、分段轮换"的"21256"特色的"双元制"本土化人才培养模式。"21256"，即推进实施"双主体"（学校与企业）、"一纽带"（以 AHK 中德双元培育示范推广基地为纽带）、"德技双修"（道德品质与技术技能培养并重）、"五对接"（对接企业需求组建订单班、对接职业标准构建课程体系、对接工作环境建设实训基地、对接岗位需求实施专业教学、对接企业文化强化职业素养）、"六合一"（双师——教师和师傅合一、产学合一、做学合一、企业生产与实训课堂合一、校企文化合一、学校育人与企业发展合一）的人才培养模式。

(二)"双元制"在人才培养方面的成效

在多年的探索与实践中，我国的"双元制"职业教育在人才培养方面取得了一些成效，主要体现在以下几个方面。

1. 形成了能力本位思想，改善了课程教学模式

"双元制"模式为保证实现培养目标，强调在教学过程中以职业活动为核心，以企业培训为主体。这体现了一种能力本位的教育思想。我国的职业技术学校长期以来局限于学科本位的课程教学模式，学生的理论知识较丰富而操作技能较为单一，综合性的职业能力尤为欠缺。而现代化的工业企业需要的是现代意义上的技术工人，其主要特征是理论水平不要求很深，但涉及面要广，与专业有关的知识都应有所了解；实际操作技能不要求达到传统的高级工水平，但技能的面很宽，特别强调综合能力在职业活动中的运用。为此我们的课程教学模式必须实现由学科本位向能力本位方向的变革。近年来的"双元制"试点提供了大量的实验材料，验证了理论设想，为以职业能力为本位的新课程教学模式的形成奠定了基础，主要体现在根据企业需求调整专业设置与培养目标，形成现代企业所需的以能力为本位的新型人才培养规格；调整课程设置与课程结构，打破学科体系壁垒，加强实践环节，形成以综合职业能力为核心的综合课程体系；强调课程内容的基础性、广泛性、实用性和超前性，从教学计划、大纲到教材进行全面改革，部分示范性教材已正式出版；探索以培养综合职业能力为目标的教学组织形式与教学方法，以培养学生的关键能力，如自学、迁移、独立与合作能力等。

2. 拓宽了学生职业基础，培养了一批新型人才

在试点实验过程中，实验班学生的综合职业素质得到了提高，与非试点班学生相比，其优势主要体现在如下几方面。

（1）学生的技能训练得到高度重视

与我国传统的技工培训模式相比，试点实验模式的技能训练比例由原来

的 50% 提高到了 70% 左右，首先在时间上为强化技能训练提供了保证，学生的实际动手能力得到大幅的提高。

（2）突破了单一工种限制，拓宽了学生知识面

我国传统的职教模式往往是单一工种的培训，学生毕业后适应范围较窄。"双元制"试点实验强调进行多工种复合的职业基础培训。从已毕业的试点班学生情况看，其主体工种达到中级水平，相关工种也能达到初级水平，使毕业生成为多能一专、适应面宽、适应性强的新型技术工人。

（3）学生综合职业能力的增强

由于"双元制"模式试点实验注重培养学生的关键能力，从信息的获取、材料工具的选择、工艺过程的制定、工作步骤的确定、项目任务的实施以及项目成果的评价等均以学生为主体展开，这就有效地保证了学生综合素质的提高。特别是将有关环保意识、安全和文明生产意识、质量管理意识以及工作责任意识等内容融合于理论教学与实践培训之中，这样学生不但知识宽、技能精、能力强，而且思想道德品质过硬，受到企业好评。

3. 促进了师资队伍建设，推动了教育体制改革

我国职教师资基本上是学科型的，对"双元制"的综合课程体系难以适应。通过借鉴德国"双元制"职业教育，使教师们转变了教育观念，掌握了"双元制"模式的精华与实质，教师们的业务素质大幅提高，这表现在两个方面：一是专业理论知识技能水平的提高，这为实施新制定的教学计划、大纲提供了保证条件；二是教学法方面的知识、技巧得到了提高，这是通过职教所举办的教学法培训班和国外的进修，以及教师在借鉴中不断探索达到的。企业生产实习作为"双元制"中的重要一元，必须有一支生产实习指导师傅队伍，并进行定期的培训和总结，使之在实践中得到锻炼和提高，日益壮大。通过借鉴德国"双元制"职业教育模式培养了一支素质较好且相对稳定的生产实习指导师傅队伍，对提高学生生产技能提供了有力的保证。

4. 提高了社会接受程度，增强了企业参与意识

通过借鉴"双元制"职业教育模式，"双元制"在我国的社会接受程度有了较大的提高，在一定程度上唤起了全社会关心职业教育的热情，特别是逐

步增强了企业参与职业教育的意识，主要表现如下：通过校企合作与交流以及出国考察等活动，使企业一方认识到职业教育的最大受益者正是企业自身，看到了职教在经济发展中的重要作用以及对企业自身发展的现实意义和长远影响。学校与企业联合组成"校企合作培训董事会"，共同合作调查研究，制定符合企业需求的培养目标，课程设置和教学计划等，使企业深切感受到自己在职业教育中所应承担的重大责任，并在具体的教学活动中也积极参与。毕业生的良好表现，更使企业尝到了职业教育的"甜头"。由于这些毕业生是按照企业需要培养出来的，能很快在企业中发挥作用，作出贡献，这又为企业进一步增强职教参与意识奠定了良好的基础。以上这些正面效应给试点单位带来了良好的效益和较高的声誉，并使其得到了改革和发展；加上有关部门有效的宣传普及活动，许多地区与单位参与借鉴德国"双元制"的积极性也日益高涨。

第三章　德国职业教育"双元制"的泸州实践

一、泸州职业技术学院（简称"泸职院"）"双元制"职教合作项目概况

国家推动职业教育发展，倡导和支持加强国际合作，学习借鉴国际先进职业教育经验。但职业教育不仅与经济发展联系密切，而且与社会政治、文化关系深厚。长期以来，如何实现本土化都是职业教育国际合作必须破解的重大课题。2016 年 8 月，泸职院历时四年的中德合作高职机电类专业"双元制"人才培养模式本土化项目圆满完成，同年 9 月启动实践检验，取得突出育人成效。

本项目的成果包括：引进德国"双元制""机电一体化师""精密机械加工师"职教资源，将德国《框架教学计划》与《培训规则》融合改造，形成了一套"双元制"本土化课程体系。教师组团轮训获得德国颁发的"双元制"教师资格和 HWK 考官资格。建成了实现企业教学功能的"跨企业培训中心"以及适应"双元制"考评体系的"HWK 考试中心"。

五年多的实践检验，重点是进一步借鉴德国"双元制"经验，设计改革方案，开展"能力本位、双元融合"的"双元制"本土化教学改革实践。通过试点、总结，扩大试点、再总结，推广应用取得重大新成果。

一是深刻认识并明确提出"双元制"职教模式"本土化"应当坚持"三个实际"的教育改革理念。我国社会制度、职业教育沿革、企业职能分工不

同，不能照搬德国"双元制"职教模式。"双元制"本土化应立足我国社会、学校、企业"三个实际"，做中国方案，走中国特色社会主义新时代创新之路。

二是创造性地将《框架教学计划》（学校元）与《培训规则》（企业元）融合，构建了"双元制"本土化课程体系。在调研企业岗位典型工作任务的基础上，分析岗位工作能力，结合部颁标准，融合德国《框架教学计划》（学校元）、《培训规则》（企业元），重构了"双元"融合的职业教育课程体系。

三是成功探索出了一条"团队—轮训—目标""双元"融合的师资队伍培训之路。将校企师资融合统筹，组成专业教学团队，沿着在实践中发现问题—在送德国培训中提高认识—在教学改革实践中提升能力—送德国培训—再实践—再培训……历时三年，开展三次轮训。并给定教师目标任务。

四是创建"跨企业培训中心"和"HWK 考试中心"。在学院主导、企业主体参与下，引进德国相关标准，统筹规划，在校内创建跨企业、跨专业的综合技能培训中心，即"跨企业培训中心"，以实现"双元制"中企业元的培训功能。创建"HWK 考试中心"，承担学生技能考核任务。

本项目培养的机电类专业人才，受到国际社会聘用和认可。

本项目获四川省教育厅确定的"四川省职业教育教学改革重大培育项目"立项建设并结题。"双元制"本土化实践受到教育部肯定，省内外 30 余所高职院校到校参观学习，在国内外产生了积极影响（见图 3-1）。

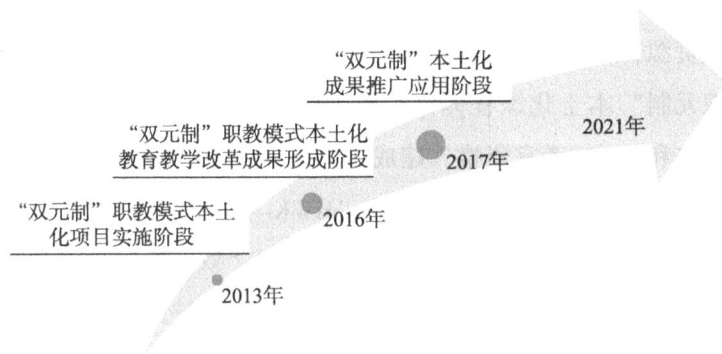

图 3-1　中德合作的高职机电类专业"双元制"人才培养模式

本土化实践教改成果历史沿革

二、基于"双元制"本土化课程体系开发

自 2015 年开始，泸职院开展了中德合作项目，并组建了中德"机电一体化师"教学班，按照"双元制"的学习领域和培训规则中的学习要求开展教学，学生经过三年的学习和实践，考取德国 HWK 机电一体化师职业资格证书。在最近五年的教学实践过程中，对"双元制"的学习领域和培训规则不断进行实践、总结、改革、再实践、再总结，为泸职院专业的改革积累了较为丰富的实践经验。

（一）课程体系开发依据

2019 年在教育部发布机电一体化技术专业的教学标准基础上，在国家职业教育改革实施方案等文件精神的指导下，结合德国"双元制"机电一体化师本土化实践过程中对学习领域和培训规则的教学所取得的实践教学经验，对课程体系进行了解构和重构。

1. "双元制"框架教学计划要求

（1）学习领域

德国职业教育框架教学计划不限定授课使用的教学方法。学生独立自主地思考和行动是职业教育的目标，这要通过各种授课形式来实现。授课形式可以根据不同的教学方法确定，没有严格的教学方法规定和约束。在选用的教学方法中，始终都以培养学生独立负责的思考和行为为原则，凡是有助于促进培养学生行为能力的方法，都应在组织授课时加以考虑和重视。

德国各州可直接采用统一的框架教学计划作为该州的教学计划来使用，也可在此基础上开发适用于本州的教学计划。各州自行开发后，框架教学计划无论是时间还是专业方面的规定，都应与培训规则的内容和规定保持一致。

按照针对职业学校的框架协议（1991 年 3 月 15 日由文化部长联席会议通过），职业学校的教学目标为：

①向学生传授结合了人文和社会综合能力的职业技能；

②为了能够适应行业领域及社会发展中不断更新的要求，并考虑到欧洲各国共同的发展和成长，要培养学生的职业应变能力；

③学生在未来随时准备好进行职业进修、深造；

④在个人和社会生活中强化其责任意识。

为了达成这一目标，职业学校必须：

①强调以行动为导向来设计、安排课程。

在考虑了必要的专业化的前提下，培养综合其职业专业能力和职业跨领域技能。

②考虑到不同学生的天赋和能力，适应工作和社会的各种需求，能够提供多样而灵活的教学。

③在可能的范围内全力支持和帮助残障学生。

④指出在工作和个人生活中可能的环境危害和事故隐患，并指明避免及减少这些伤害的可能性。

（2）学习领域要求

机电一体化专业各学习领域要求如表3-2所示。

表3-2 机电一体化专业各学习领域要求

学习领域1：机电一体化系统里的功能及关联分析
第一学年 教学参考时间：40小时
教学目标： 　1. 学生在学习和实践应用技术设备时，应遵守相应的规程和守则。学生能借助和使用技术资料掌握各种原理，制定解决方案。学生能掌握分析功能关联的方法和操作过程，并加以记录。在团队小组中，针对方案的技术可行性展开积极地讨论。 　2. 读懂流程图并根据这些图认识信号流、物质流、能量流和基本的作用原理。掌握从数据处理到生产工作结果的各种方法。 　3. 学生应对机电一体化系统的生态和经济性方面的问题有敏锐的洞察力。 　4. 学生要意识到英语对技术交流的重要意义。
教学内容： 　1. 技术要求的资料 　2. 系统参数 　3. 方块图 　4. 信号流、质量流和能量流 　5. 客户的特殊要求对于技术实施的意义 　6. 数据处理的方法和意义 　7. 工作结果的记录和演示报告 　8. 生态和经济性方面

　　备注：完成版见附录文件。

（3）培训规则要求

职业培训的内容至少包括表3-3所列的技能和知识。

表3-3 职业培训的内容

序号	培训内容的划分	传授技能和知识，包含独立的计划、实施和检验	培训参考时间（以周计）学年		
			1	2	3/4
1	职业教育、劳动法和劳资法	（1）解释培训合同的条款，特别是对毕业文凭、培训期限和结业加以说明； （2）列举培训合同里双方的权利和义务； （3）列举职业进修的可能性； （4）列举工作合同的重要组成部分； （5）列举与培训企业提供的劳资合同有关的重要法规和规定。	在整个职业教育培训期间传授		
2	培训企业的结构和组织	（1）阐述培训企业的结构和任务； （2）解释培训企业的基本功能，比如企业采购、生产、销售和管理； （3）介绍培训企业、企业职工、各种经济组织、职业代表机构和工会之间的关系； （4）描述培训企业的企业劳资权益部门、员工协会的基本情况、任务及其工作方式。			
3	工作安全和健康防护	（1）确认在工作中会发生的各种危害人身安全和健康的情况，并介绍相应的预防措施； （2）与该职业相关的劳动安全和避免事故发生的条例规则； （3）描述事故发生时应采取的行动和急救措施； （4）使用防火条例，描述火灾发生时应采取的措施和消防措施。			
4	环境保护	为了避免企业污染环境，尤其要： （1）举例说明培训企业可能造成的环境污染，及其在环保方面所作的贡献； （2）使用对培训企业而言有效地环保条例； （3）尽可能地使用经济的、无污染环的能源和材料； （4）避免废料的产生，采用环保无污染的方式处理废料。			

2. 教育部颁教学标准

本专业培养理想信念坚定，德、智、体、美、劳全面发展，具有一定的科学文化水平，良好的人文素养、职业道德和创新意识，精益求精的工匠精神，较强的就业能力和可持续发展的能力，掌握专业知识和技术技能，面向通用设备制造业，金属制品、机械和设备修理业的设备工程技术人员、机械设备修理人员等职业群，能够从事机电一体化设备生产与维修、自动生产线运维、工业机器人应用、机电一体化设备安装与调试、机电一体化设备销售和技术支持、机电一体化设备技改等工作的高素质技术技能人才。

（1）知识目标

①学习思想政治理论，具备科学文化基础知识，了解中华优秀传统文化。

②熟悉与本专业相关的法律法规以及具备环境保护、安全消防等知识。

③掌握绘制机械图、电气图等工程图的基础知识。

④掌握工程力学、机械原理、机械零件、工程材料、公差配合、机械加工等技术的专业知识。

⑤掌握电工与电子、液压与气动、传感器与检测、电机与拖动、运动控制、PLC控制、工业机器人、人机界面及工业控制网络等技术。

⑥掌握典型机电一体化设备的安装调试、维护与维修，自动化生产线和智能制造单元的运行与维护等机电综合知识。

⑦了解各种先进制造模式，掌握智能制造系统的基本概念、系统构成以及制造自动化系统、信息系统的基本知识。

⑧了解与机电设备安装调试、维护维修相关的国家标准与安全规范。

（2）技能目标

①具有探究学习、终身学习、分析问题和解决问题的能力。

②具有良好的语言、文字表达能力和沟通能力。

③具有本专业必需的信息技术应用和维护能力。

④能识读各类机械图、电气图，能运用计算机绘图。

⑤能选择和使用常用仪器仪表和工具，能进行常用机械、电气元器件的选型。

⑥能根据设备图纸及技术要求进行装配和调试。

⑦能进行机电一体化设备控制系统的设计、编程和调试。

⑧能进行机电一体化设备故障诊断和维修。

⑨能对自动化生产线、智能制造单元进行运行管理、维护和调试。

（3）素质目标

①坚定拥护中国共产党领导和我国社会主义制度，在习近平新时代中国特色社会主义思想指引下，践行社会主义核心价值观，具有深厚的爱国情感和中华民族自豪感。

②崇尚宪法、遵法守纪、崇德向善、诚实守信、尊重生命、热爱劳动，履行道德准则和行为规范，具有社会责任感和社会参与意识。

③具有质量意识、环保意识、安全意识、信息素养、工匠精神、创新思维。

④勇于奋斗、乐观向上，具有自我管理能力、职业生涯规划的意识，有较强的集体意识和团队合作精神。

⑤具有健康的体魄、心理和健全的人格，掌握基本运动知识和1~2项运动技能，养成良好的健身与卫生习惯，以及良好的行为习惯。

⑥具有一定的审美和人文素养，能够形成1~2项艺术特长或爱好。

（二）课程体系开发思路

对德国"双元制"职业教育机电一体化师的框架教学计划和培训规则的具体要求进行分析，对照我国教育部颁布高职机电一体化技术专业教学标准，将"双元制"中的培养要求一一融入对应课程模块中，然后根据课程模块的具体内容按照基于行动导向的教学方法进行课程设计，对课程在教学组织与实施、考核评价等环节进行本土化改造。

1. 课程体系构建的理论基础与依据

知识本位向学科本位转变，突出能力培养的课程体系改革与建设思路，充分调研企业，依据职业和岗位能力需求重构课程体系，基于岗位群进行调研，在构建课程体系时考虑学生未来职业规划的宽出口就业和择业需求。课程体系重构要以立足企业岗位需求、落实国家标准、满足学生未来职业规划与发展为前提，具体思路如图3-2所示。

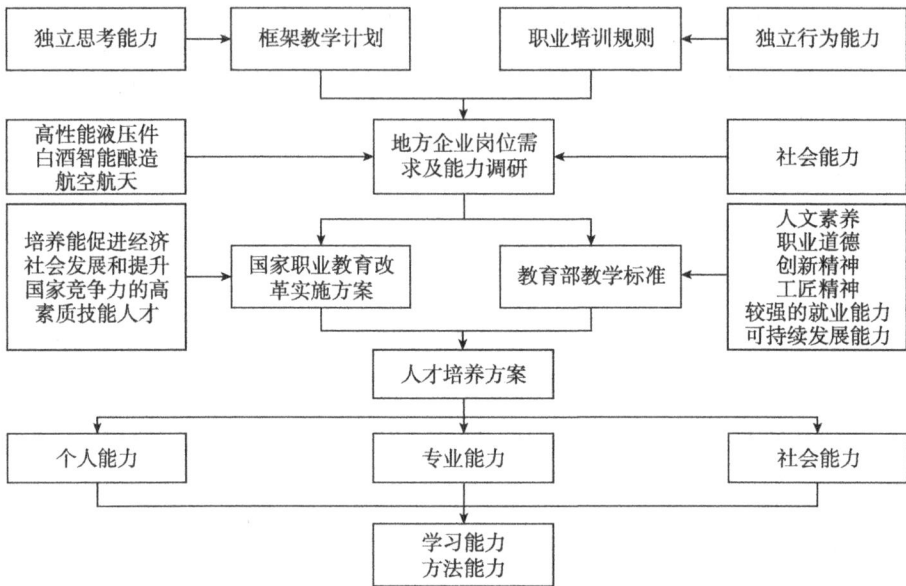

图 3-2 课程体系重构思路

2. 分析地方产业，确定专业培养目标

"双元制"职业教育课程体系基于职业行动领域进行设置，从研究职业行动的起因出发，即完成职业岗位工作的行动能力，按行为能力形成客观规律开发课程。对机电职业岗位群所涉及的岗位工作过程进行分析，将职业资格标准的知识、技能、素质分解到相关教学培训课程之中，使专业课程体系结构和职业行为体系结构相互结合。

泸州职业技术学院坐落于川滇黔渝交汇的泸州，有国家级高新技术开发区，包含高端装备制造业、高性能液压件制造基地、白酒酿造、智能终端等产业，在《中国制造 2025》的国家战略前提下，智能制造在区域经济的转型升级过程中显得尤为重要，为了实现绿色制造、可持续性发展，传统制造业向智能制造转型升级，需要大量的高素质控制技术技能人才，需要掌握设备的安装及运行、故障诊断及维护、自动化升级、网络化技术、自动检测与识别等技术的人才。不同的企业有不同的需求，为了满足地方企业的人才需求，将课程体系分层次进行设置，既要满足有共同需求的知识内容，又要满足培养特定的岗位能力所需的教学模块，因此课程体系中需包含专业基础模块、专业核心模块、专业拓展模块等内容。随着技术的发展，对自动化技术人才的需求也在不断提高，这就意味着对岗位能力要求也在不断地升级。众所周知，不同的工作岗位对实践能力的要求不同，如何满足工作岗位的能力随技术不断进步和发展而逐渐提升的要求，是重构课程体系达成培养目标的关键，人才培养方案的制定过程和思路如图3-3所示。将对学生具体岗位能力的培养抽象概括为对学生学习能力和学习方法的培养是课程体系重构的主旨，意在提升学生的核心能力，即专业能力、学习能力、社会能力和方法能力。

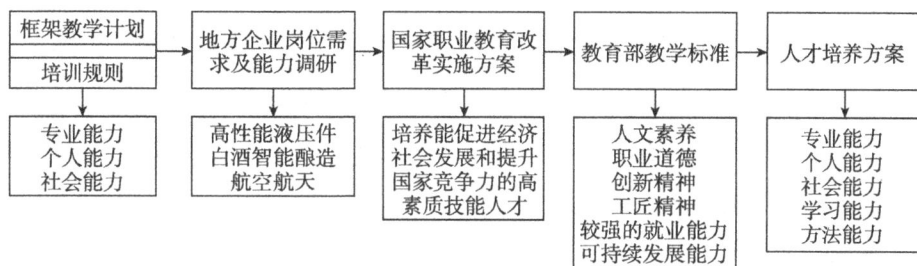

图3-3　制定人才培养目标的思路

3. 基于教学标准，定位人才培养目标

根据国家职业教育改革实施方案的精神要求，人才培养的目标要服务地方经济社会发展，培养能提升国家竞争力的高素质技术人才。为此必须立足于地方企业的实际情况，落实人才培养目标的国家战略定位。泸州主要的地方产业包括高端装备制造业、高性能液压件制造基地、白酒酿造、智能终端等产业，针对企业需求，本专业所培养的高素质技术人才，具备对设备的安装调试、故障诊断及维护、自动化改造升级、网络化技术、智能检测与识别等能力。

企业所需人才，除了应当具备独立思考能力和独立行为能力，还要熟悉企业的现状，了解企业未来发展趋势，在工作中展现出良好的团队沟通能力和协作能力，以及职业精神。企业中体现学生的社会能力主要是融入企业的生产实践活动，了解并认同企业的文化，践行企业标准和行业操作规范，以及具有较强的安全与环保意识、质量管理和控制意识等，这些都是企业生存和发展的根本,同时也是高素质人才真正价值的体现。

4. 德国"双元制"职业教育能力目标解构

由实践情境构成的以过程逻辑为中心的行动体系,强调的是获取自我建构的隐性知识即过程性知识,一般指经验并可进一步发展为策略,即以尽可能小的代价获取尽可能大的效益的知识,主要解决"怎么做"(经验)和"怎么做更好"(策略)的问题。解决怎么获取经验并形成指导行为过程的策略,实际上就是让学生在面对实际岗位工作的时候具备相应的独立思考能力和独立行为能力。借鉴德国"双元制"职业教育模式,将学生的独立思考能力和独立行为能力作为能力培养的目标,侧重于理论和实践进行解构。实际上,独立思考能力和独立行为能力无法在教学活动中完全分开,解构的目的是在教学活动中通过不同的教学内容和方式,有层次、有步骤地重点培养学生的思考能力和行为能力。

德国"双元制"体系下的职业学校侧重于理论知识的学习和对实践的认知,突出对学生学习习惯和方法的培养,体现对独立思考能力的培养,为在企业中开展实践训练积累理论基础,服务于实践教学活动。企业或者跨企业培训中心侧重于对实践能力的训练,首先在职业学校学习基础理论,对实践工作岗位有一定认知,然后在企业或者跨企业培训中心进行实践强化,突出对学生独立操作的动手能力的训练和培养。

职业学校和企业(跨企业培训中心)在职业教育中承担的角色不同,因此从能力培养上将课程体系进行解构,目的是落实能力的达成,同时在充分考虑我院实际的情况下,对课程体系进行重构,能更加实际地落实本土化改造。

德国"双元制"机电一体化师职业培训周期为 3.5 年,前 2 年主要在职业学校学习基础理论和在跨企业培训中心开展实践基础培训,第 3 年和第 4 年主要在企业实习。我国高职院校职业教育学习时间为 3 年,在学校学习 2.5 年,最后半年定岗实习。

基于"双元制"职教模式和我国现状,将"双元制"职业教育框架下的"学习领域"和"培训规则"与我国职业教育中的"理论"和"实训"进行对照和分析，将"双元制"教育中学校和跨企业培训中心与我国职业教育中"教室"和"实训室"的教学培训功能进行对照分析，我们采用理实一体化教室开展理论和实训教学，将"双元制"职教模式下学校与跨企业培训中心教学功能进行融合，同时将"学习领域"和"培训规则"对照现行人才培养计划重新修订人才培养方案。

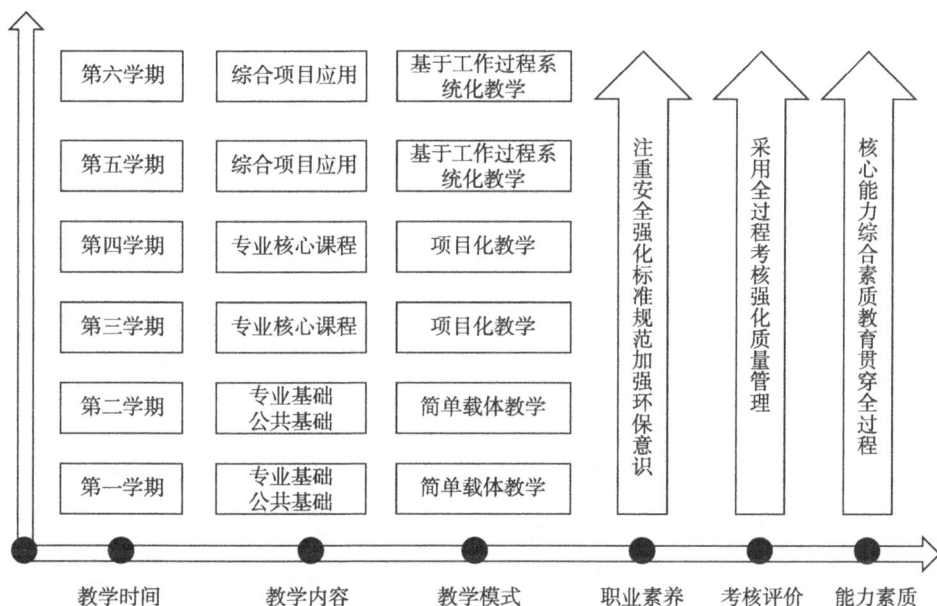

图3-4 机电一体化技术专业教学体系设置

5. 落实国家职教精神，对接教学标准（见图3-4、表3-4）

根据《国家职业教育改革实施方案》中对职业教育人才培养的要求，重点体现以培养促进经济社会发展和提升国家竞争力的高素质人才为目标，同时根据《机电一体化技术专业教学标准》对人才人文素养、职业道德、创新精神、工匠精神、较强就业能力以及可持续发展能力的要求制定人才培养方案，方案中对应落实个人能力、专业能力、社会能力等核心能力。人才培养要着眼于学生的未来发展，要能适应学生长远的职业生涯规划。时代在不断变化，技术在不断进步，学习永无止境，要体现经济社会的发展和提升国家竞争力就必须培养出具备良好学习习惯和学习能力，能较快适应经济、技术发展的高素质技能人才。

表3-4 教育部颁布的机电一体化技术专业核心课程

序号	专业核心课程名称	主要教学内容
1	电气与PLC控制技术	常用低压电器的应用方法、常用电气系统的分析方法；PLC的编程指令和编程方法；PLC控制系统的设计与调试
2	运动控制技术	步进电机、伺服电机的工作原理；变频调试步进电机伺服系统、直流伺服系统、交流伺服系统、位置伺服系统与多轴运动协调控制
3	工业机器人编程与调试	工业机器人的基本组成和结构；工业机器人编程方法；工业机器人安装、调试、维护方法等
4	机电设备故障诊断与维修	机械设备状态监测与故障诊断技术；机械的拆卸与装配；典型机电设备的故障诊断与维修；常用电气设备的故障诊断与维修等
5	自动生产线安装与调试	现场总线、工业以太网、人机界面与数据采集；自动生产线控制系统设计；自动生产线安装、调试
6	智能制造系统	先进制造模式；智能制造系统的基本概念、系统构成；制造自动化系统、制造信息系统

  校企"双元制"人才培养体系主要是以应用为基础的整合性课程构建体系，要充分吸取理论知识教学的优势，同时重视技能培养在课程教学过程中的作用和意义。课程构建必须立足于实际应用，将理论教学与实践技能培训相结合，才能实现职业教育人才培养服务于经济社会发展的目标。通过对地方产业的调研分析，机电一体化技术专业服务地方企业应具备的岗位能力包括掌握装备制造业所要求的机械制图、识图、加工、材料等知识；满足智能酿造、智能终端产业所需求的岗位能力，需要掌握控制基础、智能制造、编程调试、故障诊断、网络通信等知识。在不同企业对不同人才需求的前提下，以项目化的形式设置拓展课程，在拓展课程中选择能满足企业需求的项目进行学习。以培养目标达成为前提，课程采用分层、分段、分类的思路设置，包括基础课程、核心课程、拓展课程三个模块，每个模块对应的目标如表3-5所示。

表 3-5　课程分类及目标

课程分类	课程内容	课程目标
基础课程	机电一体化系统认知	通过案例、行业、就业等分析和介绍达到对专业基础的概念认知,感性认知
	机械制图与绘制	以简单任务为驱动,让学生掌握动手的要求和规范,实现"做中学",教师通过示范和引导实现"做中教",让学生理解基本原理和概念,并学习和掌握动手实践的方法以及工具的正确使用,同时建立质量、标准和规范等意识
	电工电子技术	
	机械制造技术基础	
	传感器与检测技术	
	液压与气动传动	
	控制类基础课程	
核心课程	电气与 PLC 控制技术	深入学习核心知识,通过项目学习让学生熟练地完成既定任务,通过团队合作培养学生的自我学习能力和习惯,掌握学习方法,为综合型项目和拓展项目奠定基础
	运动控制技术	
	工业机器人编程	
	机电设备故障诊断	
	自动化生产线安装与调试	
	智能制造技术应用	
拓展课程	职业资格证书	以实际生产相关的项目为学习载体,强化企业真实岗位中对专业能力的要求,同时融入安全、环保、标准、质量管理、交付、维护与保养等要求,让学生的学习和实践贴合生产需求
	机电一体化系统设计、安装与调试	
	网络化技术	
	制造执行系统应用	
	现代企业车间管理	
	高级语言编程	

　　基础课程是让学生了解和认知专业,对未来的就业环境和行业发展有初步的认知,为后续课程的学习以及学生的职业规划奠定基础。基础课程通过简单项目的学习使学生了解基本工作原理、概念、结构,强调对学习方法和学习习惯的引导,同时明确学习任务,建立质量的自我管理和控制意识。

　　核心课程是适应和满足工作岗位需求而必须具备的专业知识。对本专业服务地方产业的定位而言,装备制造业、智能升级和改造等工作岗位,需要掌握机械设备安装与维护，控制系统的安装、编程与调试、故障诊断等知识。实际教学中，以项目为载体，以任务驱动的方式，通过团队协作完成学习任务，引导学生自主学习，培养学生的学习习惯和学习方法，为后续综合性实践项目积累经验和知识。

拓展课程是根据特定的就业岗位和学生未来职业规划的需求，设置多个供学生选择的个性化项目，将获取相应职业资格证书融入课程体系中，使能力培养与具备相应职业资格相结合。拓展课程既要落实特定岗位需求和学生的个性化需求，又要兼顾学习内容的递进式发展，即项目要体现由简单到复杂、由容易到困难的特点，同时包含基础课程和核心课程所涉及的知识，使学生整体能力在学习过程中呈螺旋式上升。

6. 基于岗位群能力要求重构课程体系

学科式教学过程中学生所学的知识容易"碎片化"和"离散化"，特别是在综合性较强的实践项目上，对相关知识点的迁移能力不足，很难将项目作为一个整体或者一个系统进行考虑，过程环节的衔接考虑不足。

在"双元制"本土化的培训期内，有些培训内容需要根据企业需求设计且涉及企业生产管理，应该以指导学生实践的方式完成，涵盖生产组织与管理、客户认知、质量管理和岗位职责等内容。

学习"双元制"职业教育，重构课程体系，目的是让学生在学习过程中养成整体思维，这就要求在课程设置时考虑学科间知识点的融合、贯穿与迁移。在"双元制"本土化过程中，利用载体将多门课程所需掌握的知识点串联在一起，让学生通过学习载体掌握知识点，同时在学习过程中能通过载体将各学科之间的知识点融会贯通，锻炼学生的整体思维能力。

构建课程体系是将整个教学计划基于教学载体分成几个模块，涵盖多门课程的知识点，在学习不同课程时将学生引向一个共同的载体，以便学生将理论与实践应用相结合。当学生学习完多个模块后，利用综合项目促使学生对所学到的知识进行梳理及应用，能有效提升学生的整体思维。在课程体系重构中，我们将专业课程知识分为"机械基础""液气动基础"和"电气控制"三个模块。以柔性生产线作为三个模块教学的载体，将学习内容与实践应用相联系，完成了乏味的、纯粹的、抽象的知识点向实践应用的转移。载体上涵盖的知识点有限，应用的深度和范围也有限，在学生掌握了基础知识和基本的实践应用后，通过综合型项目进行扩展学习，培养学生的迁移学习能力。课程设置以项目学习为基础，不再是简单的学科知识学习，同时通过在不同的项目中对相同的知识进行重复的学习和认知，培养学生在学中做，在做中学的学习习惯。根据"双元制"职业教育"机电一体化师"的培养要求，结合我国机电一体化技术专业的培养要求，对课程体系进行了重构，机电一体化师课程体系重构如图3-5所示。

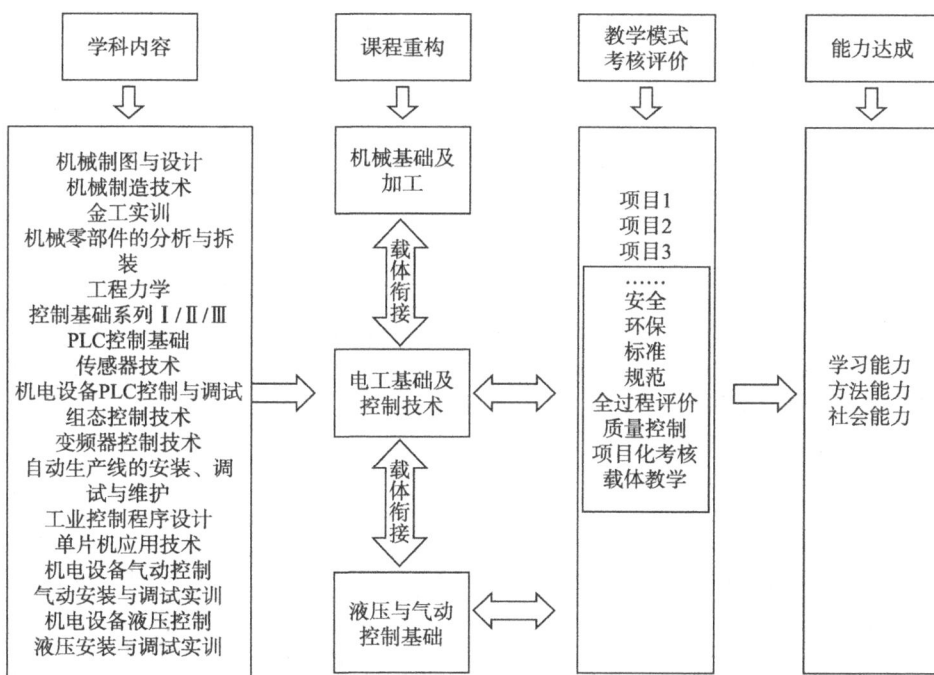

图3-5 机电一体化师课程体系重构

课程体系的重构是在充分学习德国"双元制"职业教育机电一体化师的《学习领域》和《培训规则》基础上，根据德国 HWK 考试中心的考核评价要求，并利用载体（或项目）覆盖知识点，基于工作过程系统化进行课程体系重构，重构后的课程体系如表3-6、表3-7、表3-8所示。

表 3-6　机械基础教学模块课程体系重构

教学模块	重构前课程设置	重构后课程设置	重构后实践培训要求	重构后基本素质要求
机械基础	机械制图与设计 I/II/III	机械制图	(1) 工作流程的计划和操控,工作结果的检验和评估; (2) 质量管理; (3) 检验、绘线和标记; (4) 手动和机械切削、切割和变形; (5) 连接; (6) 由组件和构件到完整机器和系统的组装; (7) 机器、系统和设备的装配和拆卸,以及运输和保护	(1) 职业教育,劳动法和劳资法; (2) 培训企业的结构和组织; (3) 工作安全和健康防护; (4) 环境保护; (5) 企业和技术的交流沟通 (贯穿整个职业教育培训过程)
	机械制造技术	工程材料		
	金工实训/机械制造技术/机械零部件的分析与拆装 I/机械零部件的分析与拆装 II	机械加工		
	工程力学/机械制图与设计 I/II/III	机械设计基础		
	机械制图与设计 I/II/III	测量技术		

表 3-7　液压与气动教学模块课程体系重构

教学模块	重构前课程设置	"双元制"课程	实践培训要求	基本素质要求
液压与气动	机电设备气动控制 液压与气动安装与调试实训	气动基础	(1) 工作流程的计划和操控,工作结果的检验和评估; (2) 质量管理; (3) 电动部分和构件的安装; (4) 安装和检验电动、气动和液压控制	(1) 职业教育,劳动法和劳资法; (2) 培训企业的结构和组织; (3) 工作安全和健康防护; (4) 环境保护; (5) 企业和技术的交流沟通 (贯穿整个职业教育培训过程)
	机电设备气动控制 液压与气动安装与调试实训	电气动基础		
	机电设备液压控制 液压与气动安装与调试实训	液压基础		
	机电设备液压控制 液压、气动安装与调试实训	电液压基础		

表3-8　电气控制教学模块课程体系重构

教学模块	重构前课程设置	"双元制"课程	实践培训要求	基本素质要求
电气控制	控制基础系列 I/II/III	电工基础	（1）工作流程的计划和实施，工作结果的检验和评估；（2）质量管理；（3）检验、绘线和标记；（4）手动和机械切削、切割和变形；（5）连接技术；（6）电器元件的安装；（7）电动数据的测量和检验；（8）安装、测试软件和硬件组件；（9）安装和检验电动、气动和液压控制；（10）机电一体化系统的编程；（11）机器、系统和设备的装配和拆卸，以及运输和保护；（12）机电一体化系统功能的检验和调整；（13）机电一体化系统的调试和操作；（14）机电一体化系统的维护维修及保养	（1）职业教育，劳动法和劳资法；（2）培训企业的结构和组织；（3）工作安全和健康防护；（4）环境保护；（5）企业技术的交流与沟通（贯穿整个职业教育培训过程）
	PLC控制基础/传感器技术/低压电器	低压设备技术		
	机电设备PLC控制与调试/电气CAD/传感器技术	电气控制系统设计安装及调试		
	机电设备PLC控制与调试 机电设备PLC控制与调试实训/气动基础/电气CAD/组态控制技术	电气控制系统设计安装及调试II		
	电工基础/传感器技术/低压电器/气动基础/自动生产线的安装、调试与维护	设备维护及故障诊断		
	工业控制程序设计/单片机应用技术/单片机应用技术实训	单片机应用技术		
		机电一体化系统的交付		
	机电设备PLC控制与调试/传感器技术/低压电器/电气CAD/机械设计基础/气动基础/机械制图/机械加工/自动生产线的安装、调试与维护	机电一体化系统设计I		
	机电设备PLC控制与调试/传感器技术/低压电器/机械设计基础/气动基础/电气CAD/机械制图/机械加工/组态控制技术/变频器控制技术/自动生产线的安装、调试与维护	机电一体化系统设计II		

课程体系的重构分为 3 个层次，专业基础、专业核心和专业拓展。课程体系的重构基于项目化教学进行设计，按照知识递进、能力递进的思路设计教学项目和选择教学载体，项目贴合企业实际生产需求，以满足实际工作岗位的能力要求为前提，重构后的学习领域与教育部发布的教学标准中所要求的课程对应关系如图 3-6 所示。

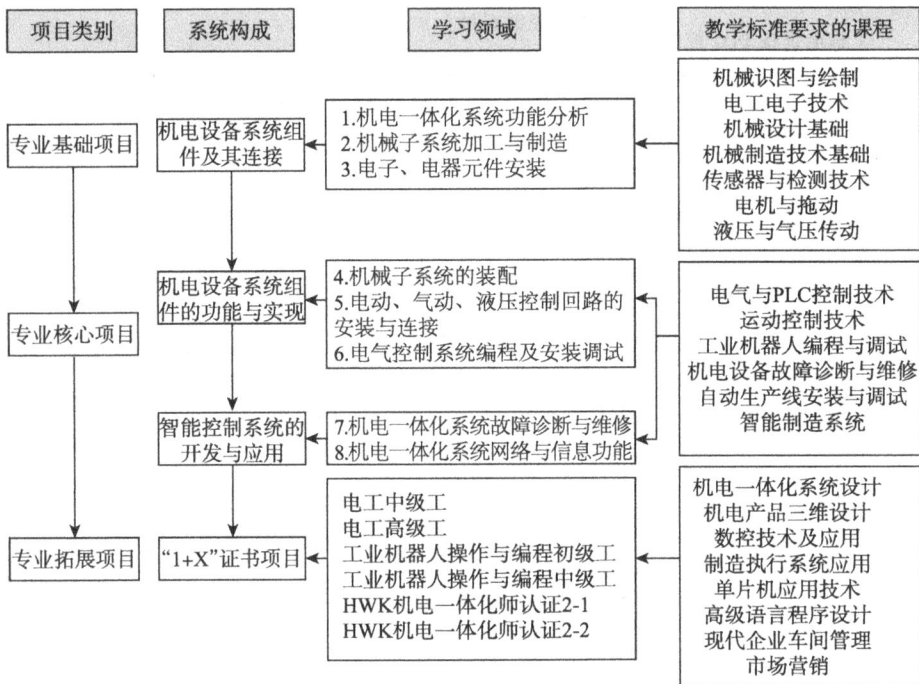

项目类别	系统构成	学习领域	教学标准要求的课程
专业基础项目	机电设备系统组件及其连接	1.机电一体化系统功能分析 2.机械子系统加工与制造 3.电子、电器元件安装	机械识图与绘制 电工电子技术 机械设计基础 机械制造技术基础 传感器与检测技术 电机与拖动 液压与气压传动
专业核心项目	机电设备系统组件的功能与实现	4.机械子系统的装配 5.电动、气动、液压控制回路的安装与连接 6.电气控制系统编程及安装调试	电气与PLC控制技术 运动控制技术 工业机器人编程与调试 机电设备故障诊断与维修 自动生产线安装与调试 智能制造系统
	智能控制系统的开发与应用	7.机电一体化系统故障诊断与维修 8.机电一体化系统网络与信息功能	
专业拓展项目	"1+X"证书项目	电工中级工 电工高级工 工业机器人操作与编程初级工 工业机器人操作与编程中级工 HWK机电一体化师认证2-1 HWK机电一体化师认证2-2	机电一体化系统设计 机电产品三维设计 数控技术及应用 制造执行系统应用 单片机应用技术 高级语言程序设计 现代企业车间管理 市场营销

图 3-6　重构后课程体系与教学标准对应

首先是基础课程，主要涵盖与本专业相关的基础知识，包含机械、液气动、电气三个模块的专业基础课程，都是不同工作岗位上具有共性的知识，目的在于让学生掌握装备制造业，智能制造技术升级与改造等岗位所需的机械制图与绘图、加工与装配、电子电器元件安装与连接、电—气与电—液控制单元的安装与连接等基础知识。同时对专业与行业的技术现状、就业情况、发展前景等有所了解，达到对专业的认知，为长远的职业生涯规划打下基础。

其次是核心课程，本专业服务于地方产业主要岗位群的课程是控制技术类课程,掌握不同控制单元的编程与调试、控制系统的安装、控制系统的故障诊断与维护是岗位能力要求的核心内容。控制单元主要涉及 PLC 的编程与调试、工业机器人的编程与调试、单片机的编程与调试,通过企业实际项目的应用和实践,引导学生进行自主学习,学会举一反三,根据不同企业的实际需求掌握学习新产品、新设备、新知识的方法,以适应工作岗位的需求。核心课程的学习,目的是通过相应的实践训练掌握岗位中主要的专业技术,满足岗位需求,具备承担相应工作的能力,同时让学生通过自主学习为未来储备知识,以便适应不断出现的新技术、新工艺。

最后是拓展课程,将岗位能力与职业资格证书合而为一,在满足岗位能力要求的同时获取对应的职业资格证书,以真正实现学以致用。为企业的技术改造、转型升级等储备专业技术知识,以适应不同企业对人才的需求。拓展课程选取不同企业的典型工作环节设计教学载体开展项目化教学,使课堂学习向生产实践转移。以典型的项目为载体,通过教师的引导,使学生所学的课堂知识转化为岗位实践能力。

重构后的课程体系如表3-9所示。

表3-9 重构后的课程体系

专业基础模块	机电设备系统组件及其连接	1. 机电一体化系统功能分析	
		2. 机械子系统加工与制造	2.1 工程图样识读
			2.2 机械零部件测绘
			2.3 机械零部件加工
			2.4 机械零部件的加工与装配
		3. 电子、电器元件安装与制作	3.1 电子元件的安装与焊接
			3.2 电器元件的安装及控制回路的连接
			3.3 电子产品制作
		4. 机械子系统的装配	
		5. 电—液、电—气控制单元的应用	5.1 电—气控制单元的设计、安装、连接
			5.2 电—液控制单元的设计、安装、连接

专业核心模块	机电设备系统组件的功能与实现	6. 电气控制系统安装、编程与调试	6.1 电气控制单元的编程与应用
			6.2 电气控制回路的安装与调试
			6.3 工业机器人编程与调试
			6.4 典型机电一体化系统的安装及调试
		7. 机电一体化系统故障诊断与维修	
	智能控制系统的开发与应用	8. 机电一体化系统网络与信息功能	8.1 机电一体化系统运动控制
			8.2 机电一体化系统网络与人机交互
			8.3 机电一体化系统智能控制单元应用
			8.4 机电一体化系统的设计安装及调试
专业拓展模块	"1+X"证书项目（综合实践项目）		电工中级工
			电工高级工
			工业机器人编程与操作初级工
			工业机器人编程与操作中级工
			HWK 机电一体化师认证 2-1
			HWK 机电一体化师认证 2-2

三、基于"双元制"本土化教学改革

教学方法的选择和确定是由职业教育的目标和内容所决定的。因此，从某种意义上说，要达到一定的教学目的，就必须采用具有某些特征的教学方法，这是教学方法的科学性和客观性。但是，教师对教学方法的选择运用不是机械的，而是根据实际情况，对各种教学方法进行艺术的再创造。

（一）教学模式改革

教学模式改革是为了让教学过程体现出高效率和高质量，教学方法不是唯一的，而是由教学的目标、内容、对象所决定。

德国职业教育的实践经验表明，正是因为他们较好地遵循了"教学方法的选择和确定是由职业教育的目标和内容所决定"这一原则，才实现了较高的培训质量。例如，在传授基本技能时，采用四阶段教学法，在强调学生的方法能力培养时，采用项目培训法；在培养关键能力时，又必须采用以学生为中心的教学方式。而且，教学方法又是多变性的，有人甚至认为，在教学过程特别是在理论教学中，使用单独讲授法不能超过 5 分钟；在 20 分钟之内必须变换教学方法，以保持学生的学习兴趣和积极性。

1. 教师角色转变

行为导向学习与教师所担当的角色要求是紧密相连的。要减少学生在学习上的依赖性，并通过学生在学习过程中的自我管理、团队协作等方式进行替代。教师作为教学任务中心的作用降低，但是在教学组织和引导过程中起着主要的作用，在整个教学过程要全程负责引导和督促学生的学习进程和学习效率，更多的时候是以辅导的角色出现在学生面前而非直接为学生制订学习计划和方法。

让学生成为学习的中心，而非仅仅注重教会学生知识。教师不再仅仅是传授知识，而是支持和辅助学生主动获得职业能力的引路人。教师更多的是根据学习目标、学习任务去思考如何为学生提供帮助，并在学习行动过程中为学生提供咨询。教师要向学生指出行为的可能性，询问可获取的方法，获取信息源的路径，并有目标性、有计划地去准备和实施。教师要在学生的学习行动过程中给予其支持和帮助，并严格要求任务完成的标准和规范，在涉及专业的咨询和交流过程中为学生提供帮助，并引导其逐步独立自主。只有当学生不可能在规定的时间内独立解决问题的时候，教师才介入学生的学习行为过程、计划过程和工作过程。

因此，行为导向学习也要求学生转变角色。学生要积极主动地参与学习计划和行动。这也要求教师具有更高水平的专业能力、方法能力和社会能力。因此，行为导向学习对教师和学生来说不仅要求较高而且耗时。

2. 学生角色转变

学生在学习过程中要明白任务与什么相关，以及待学习的内容为什么重要。教师可以和学生一起就学生不明白的内容进行讨论，帮助学生学会主动思考，让学生领会工作和任务的意义。同时，学生要明白自己将来的工作是要接受全过程的监督和评价的，他们需要独立地查询信息，然后根据任务要求制定工作计划并确定具体的操作方法和步骤。通过分析工作流程，让学生明白任务的目标和要求，如果没有明晰的目标和要求，学生将无法开展后续的工作。还要让学生明白，虽然在完成工作任务过程中他们的独立工作始终处于中心位置，但是当他们凭借个人努力无法继续完成的时候，可以请教老师并获得指导和帮助。如果学生已具备独立完成任务的能力，教师要给予学生足够的机会去实践。

学生必须在执行任务前向教师介绍他们的计划并与教师谈论。他们必须提交工作计划、工具清单和材料清单，并保证自己能够完成。在此阶段，教师偶尔对学生的帮助也是必要的。当然，教师必须适时地解释单个工作步骤并进行演示操作。

在完成任务并对工作成果进行检验后，学生必须自行评分。对此，可以写成工作报告，在工作报告中，不仅要总结描述整个行动过程，还要对自己的工作进行评价，并说明以后如何改善和优化工作。教师可以根据学生工作报告的内容，开展专业谈话。

(二)教学组织改革

教学组织在教学过程中是至关重要的，直接关系着教学活动中教师、学生、教学场地等具体细节，对教学效果有很大的影响。在传统的学科制教学体系中，是按照教案或者讲稿预定流程或步骤开展教学，在规定的时间内完成规定的教学内容，考虑到实际教学过中学生的学习状态、学习能力等，很难保证这种事先设计好的教学流程能达到预期的学习效果。

在德国，教师在上课过程中首先要保证的是将需要讲授的方法在课堂上传授给学生，通过与学生的专业对话实时了解学生的学习情况，教师根据学生的具体情况对教学组织形式和教学内容进行调整，最终目的是要通过课堂的教学和互动引导学生掌握学习方法，不必按照计划表实施教学，一切以让学生掌握方法为目的，真正做到了以学生为教学主体。

为此，在实践过程中，应以学生自主学习为主，教会学生如何使用合理的方法开展知识和技能的学习。

1. 六步教学法

六步教学法是基于工作岗位的具体能力要求提出的，也称为六步学习法，即"资讯、计划、决策、实施、检查、评价"六步，在德国得到广泛应用，是提高学生实践技能的一种很好的方法。这种方法类似于项目教学，首先根据项目要求收集资料，制订实施计划，根据计划遴选出最优方法，其次按照项目计划逐步实施，最后检查该项目实际执行的成果，对执行情况作出评价，为之后的项目提供参考。随着中德两国的交流越来越频繁，中国的职业院校和德资企业开展了深度合作，德国的"双元制"教学模式中的六步教学法得到推广，其核心内容是在课堂教学中以学生为主角，教师起到引导、解惑和主持人的作用，把课堂还给学生。

（1）六步教学法概况

六步教学法是行动导向教学的主要过程，项目导向型教学是以"项目导向驱动"为主要形式，课堂实际教学过程中学生是主角，教师是配角，起引导作用，注重对学生分析问题和解决问题能力的培养，从完成某一方面的"任务"着手，通过引导学生完成"任务"，实现教学目标。理论指导实践，实践中得到的经验结果可以提炼成理性认识，反过来又指导实践，从而形成六步教学法的完整过程。

（2）六步教学法的六个阶段

①资讯

资讯阶段，借助学习项目资料向学生介绍项目工作流程，引入行为导向的工作步骤。教师可以引导学生复习已经掌握的专业知识，并督促学生独立完成子项目的计划、执行和检查工作。教师在此环节要指导学生查阅资料，并为学生们提供用于处理问题的信息和资料。

学生可以多途径收集和获取信息，没有明确要求和规定学生必须使用哪种方法获得相关信息。学生根据任务，做好准备工作，在教师提供的物品、资料中挑选合适的。

在当今网络时代查询信息极为便捷，教师要引导学生合理使用智能设备，如手机、计算机等。使其在学习中发挥积极作用。

②计划

计划阶段，在回答任务工单中所设置的用于引导学生完成任务的问题后，学生应借助材料清单和所计划的加工时间制订详细的工作计划。此时，引导性任务工单可以给学生提供参考和帮助。

也就是说在给出项目课题以后，教师应指导学生制订项目实施计划，制订计划的时候，学生可以单独制订也可以小组讨论共同制订，内容包括时间节点的安排和不同时段需要完成的工作内容。项目计划要符合教师的要求，要进行可行性分析，以便更好地完成项目；小组之间要团结协作，集思广益，充分发挥团队协作的优势，最终做出科学、正确的项目实施计划。

③决策

也就是选择最优的计划。根据学生上交的项目实施计划和评价标准，教师引导学生各小组之间讨论。让学生决定哪个是最优解决方案，写出解决途径，作为下一步项目实施方案使用。

教师可以在课堂上开展与学生之间的专业对话，了解学生的完成情况，分析和检查学生的计划、思路和方法是否合理。学生要向教师解释任务工单中引导性问题的答案，并借助材料清单和计划加工时间阐述工作计划。通过专业对话，教师可以发现学生的疏漏和错误并给予纠正。学生能否成功，以及工作质量的好坏取决于专业谈话的效果。教师必须与每一个学生进行专业对话。如果教师发现学生提交的带有材料清单的工作计划和对引导性问题的回答没有达到要求，那么学生必须修改，直到满足要求为止。如果在决策阶段，学生的计划没有被否决，那么学生就可以开始该项目的实践操作。

④实施

执行阶段，学生根据材料清单和工具清单领取材料和工具，根据项目实施方案逐步实施，小组分工，该领材料的领材料，该组装的组装，该调试的调试，等等，按照评价标准完成各项内容，组长协调指导，教师旁观，做好各项服务，特别是学生在操作过程中出现了违规操作和错误操作时，教师要第一时间制止、纠正和引导，确保学生在操作过程中不会出现安全事故。学生要严格按规范操作，尤其是一些涉及安全用电的环节，必须设置授权许可程序，即在通电、断电、安装、更换、维修等环节，必须经过教师的检查和确认无误后才能执行相关的操作，目的是确保学生的操作过程安全，避免安全事故的发生。学生必须按照工作计划自行整理工具，独立完成实践操作任务。教师的角色是指导和监督，只有当学生出现疏漏或者违反安全操作规范时，才去纠正。

⑤检查

检查阶段，根据学生上交的项目成品，按照项目要求逐一对照检查，不符合要求的需返回重新制作，不足的要加以补充，教师做好各项记录，作为评价的依据。

教师向学生解释检查和评分表以及评分标准。学生检查已经完成的项目并将检查结果填入检查和评分表。学生独立实施检查，整个过程教师不能提供帮助。一是通过自行检查项目，可以让学生了解项目的具体质量要求和各项结果的指标要求；二是可以了解学生对评价程序的掌握程度，为后续改进操作流程、提高效率做好准备。

⑥评价

评价阶段，根据学生上交的项目成品，让学生各个小组之间相互评价，指出各自项目成果的优缺点，然后教师发表总结式评价。教师对学生所做的项目和检查结果进行评分，并将评分填入检查和评分表中。与学生进行一次专业对话，找出学生自己评价和教师评价出现的结果偏差，找出可能存在的问题和原因，并向学生解释出现偏差的原因。

2. 教学组织改革案例

"电气控制技术"是一门理论性和实践性很强的专业课程。这门课的内容有些比较抽象，教师一味地满堂灌，学生只能被动地接受知识，容易产生"学不会、不会学、厌学"等现象，下面以本门课为例介绍六步教学法。

第一阶段，资讯。

教师向学生下达工作任务，如基于材料识别及分拣的控制系统设计。学生通过书本或上网查询资料。教师可以在以下方面引导学生：如何根据项目要求设计控制流程，项目中需要用到的执行机构是什么，怎么选择合适的检测传感器，控制系统的电路图怎么绘制，在安装电器元件和连接导线时需要注意哪些事项，相应的标准和规范是什么。

第二阶段，计划。

根据教师对项目的要求，小组成员要独立进行材料识别与分拣控制系统的设计，包括设计项目电气接线图、电器元件布局图、制定材料和工具清单、安排时间进度。团队成员根据各自分工，收集相关资料，并根据项目的要求写出设计思路、方法和具体的实施计划。

第三阶段，决策。

决策阶段分为组内决策和小组间决策两种。因为每个学生获取到的信息不同、知识能力水平不同、看待事物和问题的观点不同，掌握的专业操作技能不一样，设计出来的方案也会不同，首先小组内部成员分别讲述自己的思路、方法，以及所设计方案的优势及不足，然后所有成员充分讨论，最终形成可行的方案。

第四阶段，实施。

材料识别及分拣项目，实践项目要求和规范组织实训。首先学生根据项目方案绘制电路图纸，然后根据工具和材料清单逐一落实安装、连接过程中所需要用到的电器元件、导线、连接件、工具等物品，然后根据已经绘制好的电气原理图安装电器元件，根据电气接线图制作导线并完成连接任务。电器元件安装并连接完成以后，进行通电前检测。通电前检测没问题的情况下，系统上电逐一检测各个电器元件是否能正常工作，并使用仪表对电器元件的电参数进行测量，确保电器元件的功能正常使用。安装、连接、通电测试正常的情况下，根据工艺控制要求编写程序，接着将编写好的程序下载到设备中进行功能性验证，在功能性验证过程中，学生要根据调试过程中出现的问题或故障进行诊断和修复，学会分析问题和处理问题的方法、思路以及步骤。在这个阶段，教师只能引导不能替代学生制作，有问题了教师可以指导示范，在操作中教师和学生要注意安全，安全第一，操作要规范，按照工厂企业的行业标准执行，要养成良好的习惯，更好地适应社会。也要做好各项记录，为评价做准备。

第五阶段，检查。

材料识别及分拣项目安装、连接、调试等工作都已完成的情况下，小组成员要根据分工进行组内自检，可以分工交叉检验，也可以多次重复独立检验，根据小组的检验结果对完成情况进行评估。如果小组成员在检测同一个任务或者同一个步骤时结果不一致，此时小组内部要进行梳理和排查，确认是否出现有人检测错误或者漏检的情况。

第六阶段，评价。

材料识别和分拣项目完成以后，小组成员分工对完成情况进行总结，在需要录制视频或制作演示文档的情况下可以分工协作，最后由全体成员对所做项目进行汇报和操作演示，全班同学对汇报的内容进行评价。评价时按照事先制定好的评价标准，根据项目具体的功能实现情况逐一评价打分，不能随意进行，对于好的地方要发扬肯定，不足的地方要指出，并说出整改的方法和思路。经过评价后，学生对真实项目的实践过程要总结经验教训，通过总结将经验提升到理论性知识，从而实现由实践到理论的升华，同时，理论反过来为后续指导实践做铺垫。

3. 赛教融合探索改革

近年来，每年都有各种专业类别的一类、二类、三类赛，很多比赛项目都是对企业的真实项目进行开发，通过举办技能竞赛，可以让学生参与企业实际工作情景，了解企业真实的生产环境、工艺、产品、技术、标准、规范等信息，为学生的就业奠定基础。竞赛与教学是相互融通的，首先，竞赛的目的是培养学生掌握企业实际生产中所采用的先进技术、设备、工艺等信息，为后续就业做准备；其次，竞赛项目体现了实际生产中需要学生学习、掌握、了解的知识、信息、技术、设备、工艺等内容，也就是提出了教学的目标。职业教育的教学目的就是要让学生在毕业后能进入企业承担相应岗位的工作，这就要求学生具备相应的岗位能力，通过参加技能赛了解企业当前的技术发展趋势、生产工艺要求、企业规范、行业规范、先进设备等信息，为后续就业奠定了知识和技能的基础，同时对教学过程提出了教学要求，因此竞赛和教学是相互促进发展的。

（1）以赛促改

全国职业院校开办以来，吸引了学校、企业、政府等多方面主动参与，通过开展校企合作，为职业院校人才培养模式改革提供了更多的机会。在制订人才培养方案时，学校根据企业的用人标准、岗位要求对专业学生必须掌握的技能进行重新规划，并调整教学课程，使相关课程开设时间与竞赛时间相衔接，制订鲜明的且有针对性、导向性、更为合理的人才培养方案，促进教学改革。

（2）以赛促学

通过举办技能竞赛，为学生搭建技能展示的舞台，可以充分激发学生的学习兴趣和创新能力，提高学生自主学习和解决问题的能力，提升学生个人竞争力。通过大赛的训练，提高了参赛学生技能水平，强化了职业院校学生实践能力。所营造的以赛促学氛围，对未参赛的学生也会产生积极影响，最终达到人才培养质量提升的效果。

（3）以赛促教

为了更好地指导参赛学生，指导教师必须努力提升自己的专业能力，进一步拓展专业技术领域，更加注重培养学生的创新、团队协作和临场应变能力。通过参赛学生的表现情况和比赛结果，反思自身教学的方式方法是否存在问题，从而提升教学的实用性和针对性，与学生形成良性互动，达到"以赛促教"的效果，实现教学相长。目前，参与指导学生技能大赛，已成为职业院校教师职业能力提升的重要手段之一。

（4）学赛结合

搭建校内大赛平台，跨专业跨学院组队参赛，不同学科领域的学生有了更多的交集，扩大了学生的参加范围。在教学上，分解综合性比较强的大赛，例如"互联网+"创新创业大赛、挑战杯等，组织学生分模块学习，将技术技能融入日常教学中，采用分组竞赛形式来考查学生完成任务情况，让学生都能参与进来。在组织上，通过举办校级比赛以实现好中选优。这为选拔优秀选手参加全国性大赛提供平台，同时，同学们一起学习，分享经验和知识，通过学赛结合实现共同进步。

4. 课堂互动式教学改革实践

（1）专业对话

在专业对话中，学生需要展示与专业相关的问题和他们遇到问题时所采用的方案；能阐明与任务相关的专业背景；能解释执行任务过程中具体的工作步骤。

教师和学生至少要进行一次专业对话，对话的内容不提前设定，只要跟完成任务所需的专业知识相关就可以，在对话中要讨论与任务相关的问题和他们解决问题的方法或思路。

专业对话与口试不一样，它针对任务进行讨论，专业对话不涉及对和错，而是对综合的事实进行分析。可以按照不同的方式进行评价，每种评价可以根据任务本身所具备的技术指标，经济指标，或者工作过程中所体现出的工作逻辑进行。

（2）专业对话的准备

以实践项目过程中所从事的具体工作内容为主题，所有的专业对话均围绕主题进行提问。专业对话的问题可以是从项目开始到结束整个过程中的任何一个步骤乃至一个细节，包括教师在检查学生的工作计划时，可以根据学生拟定的工作计划进行提问，无论是计划的实施步骤、流程还是具体使用的工具、材料，甚至是某一个操作步骤都可以作为提问的内容。专业对话的目的是了解学生在完成任务过程中的思路、方法、能力等各方面的表现，以此作为修订教学计划和调整教学模式的学情依据。专业对话无论是对学生的学习行为把握，还是对教师的教学方法和能力的提升，都是不可或缺的。

（3）专业对话的实施

在专业对话开始时，应给学生机会介绍自己任务的完成情况。比如：任务的初始状态，目标是什么，目前已经完成了哪些内容，距离最终完成还需要哪些工作，以及当下遇到了哪些问题，解决了哪些问题，使用的方法是什么，哪些问题还没有解决，现在的困境是什么，等等。教师可以根据学生的介绍进行针对性的提问，也可以用事先准备好的问题提问。

（4）专业对话记录

教师在开展专业对话过程中要记录所提问题的内容，以及学生在回答问题过程中的具体表现，无论是回答正确的地方还是错误的地方都需要准确记录，教师与学生的专业对话记录是评价学生完成任务过程中最终结果的评价依据。

在专业对话后，教师根据学生回答问题的情况进行评分。在专业对话的评分记录中，可以通过分值了解学生对专业知识的掌握情况，尤其是学生回答问题的分值明显不符合要求的情况下，教师要及时询问以便了解学生是否掌握了专业内容，或是所提问题超出了专业范围。

（5）专业对话要求

①专业对话的时间范围不超过30分钟。

②在专业对话开始时，教师可以要求学生对实践任务进行一个简短的介绍。

③学生在专业对话中应有足够的机会去展示自己所理解的与任务和工作环境相关的背景知识，以便对工作流程做清晰的解释。

④专业对话的内容只允许是与实践任务相关的专业内容和背景知识。因此，可以让学生解释任务中的具体工作步骤，或者任务所涉及的工作岗位的具体要求。

⑤不允许提问与实践任务无关的专业问题，否则不能计入总分。

（6）任务驱动式教学改革

传统的学科式教学以讲授知识和技能为主，重点在讲授环节，学生实际的课堂表现仅限于表面上的课堂参与度、课堂记录、作业完成情况等方面。如何使学生真正参与到具体的课堂任务中，突出以学生为主体的教学模式，需要将学生的课堂行为通过一系列课堂活动或任务进行组织和安排。因此，基于教学项目或教学载体，开展项目教学，通过项目中的具体任务安排，将学生的课堂行为与完成具体任务结合起来，促进和激发学生的主动学习习惯和行为，只有学生自己真正参与到项目中才能从中获取专业知识和技能，也就是所提倡的"做中学"和"做中教"。

5. 课程教学改革对策

针对学生实际动手能力不强问题，教学团队探索基于校企深度合作进行工作过程系统化课程教学改革。以学生岗位能力培养为主线，以实际生产生活相关的真实项目为载体，采用任务驱动为导向的项目化教学模式，针对企业需求的"领悟力、动手力、执行力"的学情分析，架构基于工艺流程的教学内容，采用六步教学法，实现了"质量在手，标准在心"的岗位能力教学目标。

（1）以新技术学习为导向，加强课中创新思维训练，课下创业实践交流展示课前，教师将企业实际生产项目转化为教学项目。课中，教师指导学生按真实生产标准完成教学项目全过程，学生掌握关键要素。课后，教师引导学生关注社会痛点，利用所学知识与技能自主研发适合生产需求的自动控制产品，并指导学生组建公司，将产品在市场上推广。在此过程中激发学生关照社会需求、学以致用的感受，以及带给学生创造经济价值的体验，提升学生创业意识与就业能力。

（2）教学设计需要引导学生关注实际生产生活，以实际需求为导向，以完成产品设计和开发为目标，以效益或标准贯彻检验课程教学质量，学习过程对接工作过程，学用结合。

（3）课程以真实项目为载体组织教学内容，充分应用现代化教学方式和信息系统教学手段，全面应用课前自主学习法、课中讲授法、项目教学法、直观演示法、现场教学法、课后讨论法等教学方法，引入由学生自评、学生互评、小组评价、教师评价、客户评价等构成的综合评价模式。

（4）学生按照六步教学法完成从前期社会调研，到研发产品，再到产品推广的过程，构建了"教室即车间、教师兼师傅、学生即学徒、教案是蓝图、成果是产品"的综合实训模式。

四、基于"双元制"本土化评价模式改革

（一）德国职业教育考核机制

"双元制"职业教育考试的组织和管理是与由培训机构无关、相对独立的

机构负责完成的。国家（联邦经济部协同联邦教育和科学部）通过颁布《职业培训条例》，规定每一职业考试的最低标准，但不直接负责具体考试。考试严格按照法律规定进行。与此有关的重要法规有《职业教育法》《手工业条例》《职业培训条例》和《标准考试条例》。《职业教育法》规定，各类行业协会（工商业行业协会，手工业行业协会，农业行业协会，医生行业协会，律师行业协会等）负责组织和实施本行业职业培训的考试并颁发职业资格证书。"双元制"职业教育考试的管理运行机制如图3-7所示。

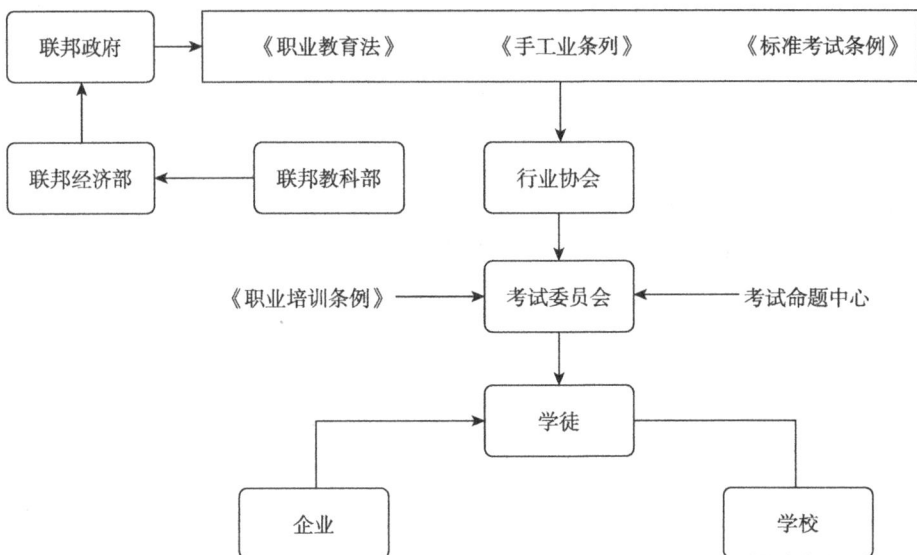

图3-7 "双元制"职业教育考试的管理运行机制

1. 组建考试委员会

各类行业协会在德国共有500多个，每一个行业协会都设有专门的考试委员会。《职业教育法》和《标准考试条例》规定，考试委员会至少由3名成员组成。其中，雇主和工会代表人数相同且至少应有1名职业学校的教师；雇主和工会代表人数应占总人数的2/3。他们分别由当地的行业协会和工会推荐，教师代表则由教育主管部门提名并征得行业协会同意。三方代表必须均是所考核职业领域的专家。考试委员会成员最后由行业协会任命，任期5年。任期内的工作是名誉性质，没有任何报酬。考试委员会设主席和副主席各一名。表决时,只有取得 2/3 的票数,表决才能有效。如果正反票数相同,则由考试委员会主席的投票决定。根据不同专业和考生人数,对某一专业可设多个考试委员会,也可几个专业共设一个考试委员会。

考试委员会的主要任务是组织制订考卷、监考和最后评分。

2. 考试准备与申请

"双元制"职业教育考试,分为中期考试和结业考试两种。分别在培训学年中间和培训结束前一个月前举行。行业协会每年一般在二月和七月组织考试。考试前一个月,向考生通知考试日期。

考生须向行业协会提交书面报名,填写考试申请表,并附上培训报告册、简历和最近的学业成绩,如果是申请结业考试还须附上中期考试成绩。考试委员会严格审查学生的报名材料,讨论学生是否有资格参加本次考试并向合格者发准考证和考试通知。

考生考试前须出示学生证、准考证和培训报名册。考试委员会成员需向考生宣布考试科目、允许携带的文具和工具、考试时间、考场纪律和考试作弊及违反考试纪律的惩处措施。在考试过程中,除当地行政官员、行业协会负责人和职业培训委员会的成员可以进入考场外,其他人员不能进入。考试由考试委员会成员负责监考。

考生如有作弊行为或严重扰乱考场秩序,监考人员可勒令其退出考场。情况极为严重时,考试委员会可判当事人考试不及格。

3. 考试形式与构成

《职业教育法》和《手工业条例》规定,各类职业培训考试均分为中期考试和结业考试。不同形式职业培训的考试时间如图 3-8 所示。

《职业培训条例》中有专门的考试要求,对中期考试和结业考试的目的、内容、科目、时间和形式均做了极为详尽的规定。

(1)中期考试

①为了了解培训情况,需要进行中期考试。考试应在培训的第二学年结束之前进行。

②中期考试的内容包括第一学年和第三个培训半年中所传授的技能和知

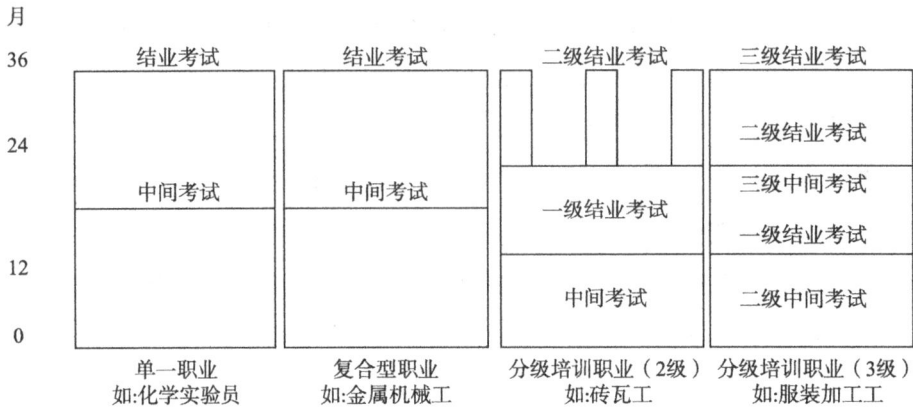

图 3-8　不同形式职业培训的考试时间

识，以及按照框架教学计划所教授的内容，只要其对于整个职业培训来说是重要的。

③考生应在七个小时内，完成一个加工任务，可利用预先完成的部件。在此，特别要考察：

按照参考资料，制作和检验一个可运转的机电一体化构件，包括手动和机械加工、组装、布线和管线的连接，并提交计划书和填写检验测量报告。

借此考生应表明自己能够检测功能、遵循用电防护措施和安全规定、调整和测量机械和电动参数以及理清生产流程，特别是技术、生产组织、工作安全和经济性之间的关系（摘自培训规则内容）。

中期考试的目的是检查学生在培训期间的学习和培训情况。它是审查学生是否有资格参加结业考试的必不可少的一个环节。

中期考试没有及格和不及格之分。只有单科考试分数。考试的成绩一方面可使学生了解自己的学习情况及与别人的差距；另一方面有利于行业协会及时发现企业或职业学校在培训中的弱点和不足。针对出现的问题，行业协会的职业培训咨询专家可去有关企业和学校中访问和调查，帮助他们分析原因并寻求解决办法和改善措施，以保证培训质量。

中期考试的成绩不计入结业考试中。由于"参加考试"的作用仅是结业考试的"入场券"，个别考生进入考场只是写下姓名便离去。因而，在一定程度上，中期考试成为一种形式。

中期考试的内容包括职业学校和企业两个培训机构同时传授给学生的知识和技能。考试分技能考试和理论考试两个部分。理论考试以笔试方式进行，技能考试则根据职业类型，分为实际操作和笔试两种。对于工业和手工业中的技术职业，技能考试分为考试工件和工作实验。对于商业性职业，技能考试则以笔试方式进行，如图3-9所示。

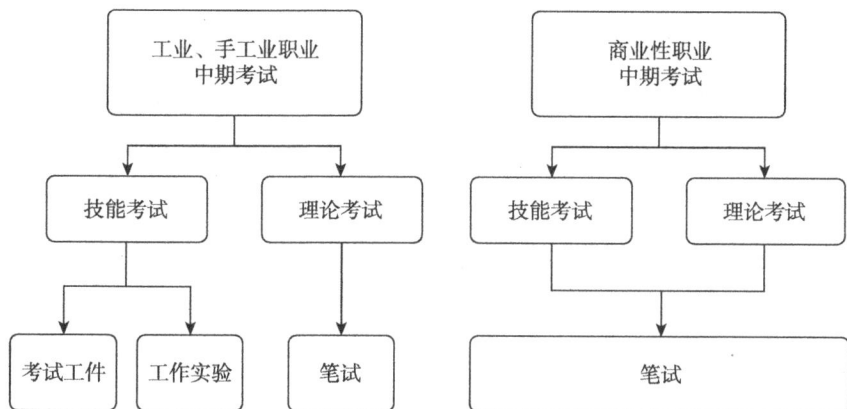

图3-9　中期考试内容结构

以工业机械工为例，《职业培训条例》规定，考生须在7小时内完成一件包括手动切削、机械切削、板、管冷成型和用螺旋、销连接的接缝等内容的考试工件。理论考试规定总时180分钟，试题与实际技能有关，内容包括工艺制图、公差、金属及辅助材料的特性和使用，切削和非切削加工制造方法，联接及长度、角度、面积、体积、质量、力和速度，劳动安全、环境保护等。以办公室营销人员为例，《职业培训条例》规定，考生应在180分钟内完成，涉及办公室经营及经济与社会学等方面，试题应与实践紧密结合。

（2）结业考试

①期末考试内容包含了在附录中所列举的技能和知识，以及在职校课程中教授的内容，只要其对于职业培训来说是重要的。

②考生在考试的A部分应在30小时内完成一项企业委托的任务并将结果记录下来，制成书面报告。还要进行一次为时30分钟的专业面试。在此，特

别考察以下方面：

一个机电一体化系统的组件、更改或维护维修，包括工作计划、组装、拆卸、更改程序和设置以及调试。

完成该委托任务需要将实践性的资料记录下来，制成书面报告。考生应通过该任务证明，他可以在考虑到经济、技术、组织和时间各方面的情况下独立计划、组织、实施加工流程和子任务，利用原材料，使用布线和接线技术，调整和校正传感和执行装置组件，系统化地确认、界定和消除在电动、气压和液压系统里的故障或干扰，以及使用标准软件制作检测记录报告，记录更改的配线和使用其他的技术通信资料。考生应通过面试证明，他可以描述专业性课题及其解决方案。方案须指出该任务所涉及的专业背景知识以及方法、步骤。考试委员会应在完成任务试题之前，给出任务书，包括时间表以供考生参阅。该委托任务完成的结果和面试的结果应占百分之五十的评分。

③考试的 B 部分又分为三方面，分别是工作计划、功能分析和社会经济概况。在工作计划和功能分析方面，要结合信息技术、工艺和数学方面的知识对专业性问题进行分析、评估并提出恰当的解决方案。

a. 在工作计划方面，特别考察以下内容：根据给出的要求来完成一份组装和调试机电一体化系统的工作任务书。考生应证明他能够分析问题，能够根据技术规范选择装配和调试所需的机械、电动构件、导线、软件、工具和辅助工具，调整安装和装配图，在保证工作安全的情况下，设计工作步骤并合理使用标准软件。

b. 在功能分析方面，特别考察以下内容：描述出维护机电一体化系统和界定故障的步骤方法。考生应证明，他能够在兼顾运行过程的情况下，采取维护措施或调试措施，评测接线图，解释和更改程序，求得和描述机电一体化系统各性能之间的关系，求得机械数据和电动数据并解释运动流程，按功能来分配接口处的信号，选择和使用检验方法及诊断系统，定位故障的原因，测试和检验保护装置与用电安全措施。

c. 在社会经济概况方面，考察与此相关情况，特别是与职业、工作、日常生活社会领域相关的内容（摘自培训规则）。

结业考试是检查学生经过培训是否掌握了《职业培训条例》所规定的技能和理论知识。在工业、商业和手工业职业培训中结业考试又分别被称为"专业技术工人考试""商务助理考试"和"伙计考试"。结业考试的及格与否直接关系着学生能不能结束学业。因此，它往往又被当成职业入门考试。

学生必须具备一定的条件才能参加结业考试。一般情况下准考条件是，培训合同须在行业协会注册，必须完成规定的培训，参加过中期考试并能提交整个培训期间的培训报告手册。申请结业考试的时间为培训结束前的两个月。但是，也有很多特殊的规定：如果企业和学校证明某学生的成绩优异，或是没有在行业协会注册的非正式学生，但在企业的培训时间超过了规定培训期限的两倍，考试委员会讨论后，也会破例允许学生参加考试。

与中期考试一样，结业考试分技能考试和理论考试两部分。对于工业和手工业中的技术职业，技能考试又分为考试工件和工作实验，理论考试以笔试和口试的形式进行；对于商业性职业，技能考试则以口试形式进行。理论考试主要为笔试，如笔试不及格，可用口试补充。结业考试内容结构如图3-10所示。

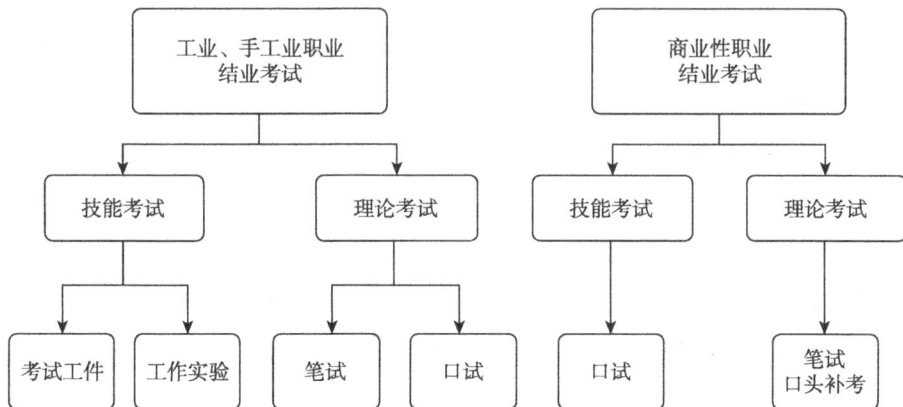

图 3-10　结业考试内容结构

以工业机械工为例，《职业培训条例》规定，技能考试时，考生须在七个小时内完成两个考试工件和两个工作实验，考试工件包括四个方面：

①用手动和机械切削及成型方法加工零件；

②用可中和不可中结合法连接互换性零件；

③气动或液动回路的连接、检验和运行；

④数控机器程序编制。

工作实验的内容：

①检验和调整部件、机器、系统或生产设备的功能及其运行；

②数控机器或生产设备的使用及程度改变；

③部件、机器、系统或生产设备故障的确定、界定和排除；

④机器、系统或生产设备的调整和重新组装。

理论考试共分工艺、工作计划、工程数学及经济和社会学四个科目。

①工艺（120 分钟）：劳动安全、环境保护及能源的合理利用，原料和辅助材料的特性和使用方法，材料检验、分割、成型和联接技术，机器零件，机器技术，控制技术，电子技术，检验技术、质量保证，生产种类、设备、生产控制，数控机器软、硬件及生产设备。

②工作计划（120 分钟）：工艺制图，工程手册、图表，生产和工作计划、标准，管道布置图、流程图，数据处理基础，技术数据处理。

③工程数学（60 分钟）：长度，角度，面积，体积，转矩，速度，旋转频率，加速度，功，功率，效率，抗拉，抗压，抗剪强度，热膨胀，液体、气体的压力，电量。

④经济和社会学（60 分钟）：有关职业、劳动界与经济和社会关系的一般知识。

4. 考试评分和考核发证

考试由考试委员会统一评分。技能考试评分时，先分别由考试委员会每一位成员评定一个分数，最后由考试委员会主席总评分。笔试考卷则采用流水作业评阅。

技能考试和理论考试各项内容占总分的比例不同。每一科目分数的比例都在《职业培训条例》中有清楚的规定。以工业机械工为例，技能考试中，各科成绩比重为工艺 40%，工作计划 20%，工程数学 20%，经济和社会学 20%。以银行营销员为例，银行经济和企业培训成绩的比重是其他科目的两倍。考生个别科目如需用口试补考，其笔试成绩应是口试成绩的两倍，口试时间不能超过 15 分钟。考试成绩采用 100 分制。它与传统的 6 分制的对换关系如表 3-9 所示。

表 3-9　德国职业教育评分等级标准

序号	分数	评价等级
1	100~92 = 1	优异
2	91~81 = 2	良好
3	80~67 = 3	中
4	66~50 = 4	及格
5	49~30 = 5	不及格
6	29~0 = 6	差

《职业培训条例》对通过考试的条件做了规定。以工业机械工为例，只要技能考试和理论考试总成绩及格且工艺科目单科考试及格，考试即为通过。以银行营销员为例，只要技能考试和理论考试科目中两门以上科目及格，考试即为通过。

《职业培训条例》规定，考试如果不及格，可有两次补考机会。补考时，只需补考没有及格的科目，已经及格的科目成绩在两年内有效。

考试委员会应在考试结束那天将考试成绩单发给学生，并告知学生其考试是否已通过。如学生通过考试，则由行业协会颁发结业证书。证书上注明学生的个人情况、所学职业、考试总成绩和各科分数、参加考试的时间、考试委员会主席的签名和学生所注册行业协会的签章。如学生没能通过考试，行业协会将会同时通知学生所在企业和家长，并告知哪些科目需要补考。

另外，职业学校也会给通过考试的学生发放毕业证书。毕业证书上注明学生培训期间的各科成绩。

5. 考试命题及考试组织

"双元制"职业教育考试没有规定必须采用统一的命题。自行业协会的考试制度形成以来，考试命题一般由行业协会的考试委员会组织有关专家进行。

在全国乃至全州范围内，学生考试都是分散进行的。尽管各个行业协会均按照《职业培训条例》规定的考试最低要求命题，但是，考题的水平在各行业协会之间仍有一定差别。另外，这种相对独立、各自为政的命题方式也极为不经济。因此，20世纪70年代以后，逐步在德国形成了几个考试命题中心，专门向各类行业协会提供考试卷。

目前，全国主要的考试命题中心有三个：工业和手工业职业考试命题中心（PAL斯图加特）、商务职业考试命题中心（AKA纽伦堡）和印刷职业考试命题中心（ZFA海德堡）。考试命题中心雇有一批本行业经验丰富的专家，分专业组成委员会。每位专家每年负责制订两套试题，提交给本专业委员会审定，被选中的考题将作为下一年度的考卷，没有被选中的考题将被收入试题库作为备用。考卷中的每一道试题都需经过严格的审查，并在一定的范围内进行试考，以检查考题的正确性。通过试考，经常会发现一些考题设计得不合理，比如技能考试的考试工件在尺寸要求上会存在问题。这样，就可避免由于考卷本身的问题给整个考试带来不必要的麻烦。

命题中心根据《职业培训条例》的考试要求，每年为考生制订各科目考试范围和介绍考题的形式。学生也可在命题中心购买前几年的考卷，熟悉考题的形式和答题要求。

命题中心建有考试题库，包括现成的考试题库和计算机题库。题库中收集了各年考试试卷。试题按照不同类型和难易程度进行了分类和统一编号，并注明试题被采用情况，采用年份，职业，学生答题情况等。

命题中心每年均公布各科考试时间。如行业协会决定采用命题中心的试卷，则必须遵守命题中心的时间规定。凡采用命题中心试卷的行业协会，考试必须在同一时间举行。近年来，各行业协会一般均采用命题中心的试卷。

（二）德国"双元制"考核模式本土化

基于中德HWK合作项目的第三方评价机制，探索和实践教考分离模式。根据教学标准，将过程性评价与总结性评价相结合，实现教考分离。过程性评价由任课教师负责，评价学生学习态度、习惯、方法等，目的在于引导和督促学生。总结性评价由考试委员会负责，考核学生的专业能力、方法能力、社会能力等的达成度。在近五年教考分离的探索和实践过程中，学生全部通过德国 HWK 的考核评价，核心竞争力大幅提高。实践表明，教考分离能更加客观和真实地反映学情，任课教师可根据评价结果调整教学策略、教学组织、教学方法，有助于落实教学改革，提升教学质量。

相对于教考合一而言，教考分离有利于教学考核的公平、公正，有利于教学评价的科学、有效，有利于教风、学风的根本好转，教考分离会使学生认识到，成绩的好坏取决于平时的努力程度，取决于对所学课程掌握与理解水平的高低。教考分离是对学生实行严格管理和良好校风形成的重要手段，是对教师考核管理的重要措施，能够有效提高教学质量和规范教学工作，教考分离的实施对学生、教师和学校教育体系的发展具有十分重要的意义。

在实践德国"双元制"职教模式基础上，利用中德机电一体化师教学实验班探索与实践过程性评价和总结性评价相结合的教考分离的评价方式，为区域内高职院校采用教考分离的考核评价模式探索并积累经验。教考分离能增强评价结果的客观性，提升学生学习的自觉性和主动性，促进教学方法、教学模式、教学组织的改进，从而提高人才培养质量。德国 HWK 考试中心是独立于职业学校和跨企业培训的考核评价机构，HWK 考试中心根据学习领域和培训规则中的学习任务与要求对学生的学习情况进行评价，考试委员会由企业代表、职业学校教师、主考官构成，独立开展教学评价。本专业的 12 名教师曾连续 3 年赴德参加德国的"双元制"职业教育模式培训，12 名教师均获得"HWK 机电一体化师"考官和教师资格，自 2017 年开始连续 5 年承担了"HWK 机电一体化师"的考核评价工作，熟悉考试过程的组织和评价工作，对具体任务的评价标准、评价尺度的掌握有一定的经验。

1. 教学实施策略

为了通过教学实践促进教学研究和改革，教学实施以人才培养方案为基础，按教学计划中的教学内容分模块组织教学，教学团队根据模块中包含的内容以及教师特长组建，不同模块的教学团队有 2~4 人。平时的过程性评价由任课教师进行，包含考勤、作业、课堂参与情况、课堂互动以及对各学习模块的完成情况。阶段性的中期评价和总结性评价由考试委员会组建考官团队进行，根据 HWK 制定的考核评价指标和评价方式以及评价内容开展评价。

教学采取线上和线下相结合的方式，充分利用学习通、蓝墨云、QQ 班级群等网络平台，在课前发布任务，让学生了解任务、分析任务，开展交流和讨论，并利用线上资源完成课前任务。教学过程中通过网络平台上交作业和检查学习情况，极大地提高了学生完成作业和教师批改作业的便利性。线下采用分组的形式完成具体任务，学习小组根据任务要求分工具体、责任明确，各小组相互竞争的同时提倡组内成员的协同合作，有助于促进学生树立协作精神和竞争意识，培养学生的团队沟通能力。

2. 考核评价的构成

在考核方案设计时需要注意本课程与专业其他课程的承接关系，专业课程考核体系需要整体设计，细分到各课程。考核评价包含过程性评价和总结性评价。过程性评价覆盖了整个教学过程，包含了随堂评价、理论测试、项目化任务完成情况等，目的在于对学生的学习态度、方法、习惯、规范等进行引导和督促，促进学生的知识能力逐步提高。总结性评价进行两次，第一次是在完成一半教学计划后进行，第二次是在完成全部教学计划后进行。两次总结性评价均包含理论测试和实践技能测试，目的在于评价学生是否达到相关专业技术岗位所需的能力要求。总结性评价由考试委员会进行，由一名主考官和三名以上涉及机械、电气控制、液气动领域的考官组成，三名考官对学生的实践能力进行独立评分。

3. 教考分离的组织及评价标准

统一标准，组建考试委员会开展考核评价。考核分为过程性考核和总结性考核，过程性考核是指教学小组的任课教师对学生的态度、方法、习惯、效果进行评价，目的在于督促、规范、引导学生的学习行为。考核是基于课程标准对学生学习该课程所需达到的知识目标、能力目标、素质目标等具体要求进行考核。过程性考核涉及理论考核和实践考核。理论考核主要是对课程中的相关概念、原理、方法、标准、规范等进行考核，目的是让学生掌握基本的理论知识，在理解相关概念、原理的基础上通过查阅相关技术手册、标准、规范等进行自主学习，培养学生的自主学习能力。实践考核主要是对学生实际动手能力进行考核，立足于实际工作岗位上的能力目标的达成设置考试任务，目的是让学生对岗位素质目标要求有清晰的认识和理解，培养学生知识和技能的迁移能力与实际应用能力。

要确保考核评价结果具有客观性和可信度，教考分离就需要具备完整性，保证在任何一个考核环节都不能出现任课教师独立操作的情况，全程处于被监督和制约的状态下。考试委员会由一名德国 HWK 考官任主考官，在 HWK四川考试中心中选出三名以上考官组成考试委员会。主考官负责监督考官的评价公平性和规范性，其余三名考官负责对学生的实践内容进行独立评价，最后根据评分细则计算学生的成绩。考核分为基础理论考核与实践考核+专业对话（生产计划+任务加工+安装调试+专业情景对话）两部分。

（1）基础理论考核

教考合一模式下，考试的偶然性和风险性较大，难以客观地评价学生的学业水平，同时也严重制约着学生自我个性的发展，不利于现代经济社会对高端技能型人才的需求，不利于人才综合素质的培养。实践考核与现场专业对话相结合，可以更客观、仔细、全面地了解学生的综合素质。实践考核主要考查学生实践能力，理实一体化课程或实践类课程都要求学生熟悉真实生产过程中对岗位能力的要求，特别是在企业真实工作环境中所具备的专业素养，即安全操作规范、执行相关企业和行业的技术标准，遵守技术规范，在实施过程中通过严格执行标准和规范达到对质量的自我管控。通过专业对话可以了解学生在实践过程中的想法、思路、决策及依据等思维能力。

以分拣系统的电气回路安装和调试任务考核为例，该项目主要考查学生能否根据要求完成，规范地对分拣系统进行安装和调试，主要涉及电器元件和气动元件的安装和调节、气管和导线的敷设、工具的使用、电参数的测量、系统功能的描述等内容。包含对学生制订工作计划、加工制作、安装与调试等过程的评价，同时还会通过与学生的专业对话进行评价。

（2）实践考核+专业对话

①生产计划进行评价

对学生制订生产计划进行评价的目的是让学生了解具体的考核内容和要求，通过分析考核项目的功能要求，制订和完善工作计划，包含完成任务需要的材料、工具、设备，需要加工或制作的任务，需要检测的参数，调试须实现的功能等内容。

②任务加工评价

任务加工评价主要对学生的任务完成情况进行评价，包括两方面，一是加工制作过程中操作是否规范，是否符合标准；二是对加工制作的质量进行评价。学生在加工制作过程中操作不规范导致最终质量不合格的情况，如存在安全隐患的操作或违反操作规范的行为，需要立即纠正，并记录下来。

③安装与调试评价

安装与调试评价主要是对机械零部件的安装、电器元件和气动元件的安装连接、通电测试、功能调试等过程进行评价。此过程除对学生的操作规范进行评价外，还会对学生在调试过程中对问题或故障的分析和处理能力进行评价。

④专业情景对话评价

在学生操作的过程中，教师可以通过与学生进行专业对话来评价学生的知识技能掌握情况，谈话内容可以涉及操作的规范性、元器件的原理、工具的使用、故障的诊断分析、安装调试的步骤等内容，考官可以根据项目的具体要求自主设置对话内容。专业对话不但能掌握学生的学习情况还可以引导学生进行独立思考和问题分析，使其养成自主学习的习惯。因此，专业对话的目的除了了解学情，客观评价，还能引导学生进行自我学习，通过自学去发现问题并解决问题。

⑤成绩汇总

根据以上四项评价的得分，按照一定的权重进行汇总，计算出学生在完成考核后的最终得分，可以通过最终得分对学生的知识和技能掌握情况进行分析，对后续的教学进行改进。

考核评价理念主要在于"帮助"学生通过考试，而不是让考试把学生

"考倒"，即考核评价的主要目的不是将学生按成绩分成三六九等，而是掌握学生的学习情况和学习效果，以便在后续教学中改进教学方法、教学组织、教学进度等。考核评价过程中要以学生为主体，根据实际情况给予学生适当的"帮助"，考核评价的最终目的是让学生掌握知识和技能，包括学习方法和学习能力以及标准和规范。

4. 教考分离评价模式的现实意义

（1）提升学生学习效果和评价培养质量的客观性

现有教学评价体系主要由任课教师出题，学生会根据教师平时的上课习惯针对性地复习，教师出题习惯和思路相对固定，学生可以根据往年试题针对性复习，学生以应试为主，学习的积极性和主动性较低，学习效果也会大打折扣。现行的考核评价内容主要根据学生的考勤、课堂参与、课后作业、期末考试等来衡量和评价学生的学习效果。采用教考分离的考核评价模式将教学和考核分开后，学生很难从课堂上直接获取与考核相关的信息，必须深入学习和总结，从根本上掌握所学内容才能在第三方考核评价中获得良好的成绩，独立的考核模式能更加真实客观地反映学生的学习效果，同时也能避免学生学习过程中的依赖性和应试心理。

（2）教考分离有利于促进教学质量改进

采用教考分离，教师根据人才培养计划中的教学标准开展教学，考试中心根据岗位能力要求对学生的知识技能水平进行评价，无论是教学还是评价都按相应的标准和要求进行，避免了教师既当教练又当裁判。教师的教学质量通过第三方评价结果来反映，这样会更客观地促进教师改进教学方法、教学组织以及教学进度。所有教学活动均以满足岗位能力要求和教学标准为基础进行组织和实施。

（3）教考分离有利于增强学生学习自主性

目前学生中普遍存在应试心理，即一切以考试能合格为标准，而只要考试前认真复习老师讲授的内容和课后作业等就可以顺利通过考试，或者通过复习往年的试题就可以很容易获得考试内容和方向。如果采用教考分离，学生唯一知道的只有所学内容的考核评价标准或者能力要求，这样就会促使学生主动参与学习。

强调通过对话的方式了解学生的学习状态，及时关注学生学习过程中的问题，通过设问、示范、任务驱动等形式引导学生自主学习，养成主动思考问题、加强团队合作的习惯。教师的教学活动从讲授知识点转向教会学生思考和分析，培养学生的主观能动性。

五、本土化实践基地建设

德国"双元制"是在传统的学徒培训的基础上发展起来的，一元是学校、一元在企业的工学交替人才培养模式。其中，跨企业培训中心是德国校企合作、产学研结合的产物和载体，是德国"双元制"职业教育系统中最具特色的部分。德国"双元制"实践教学中，一些规模较大的企业建立了员工培训中心，但是大多数中小企业由于资金和条件不足，往往没有自己的培训车间。在此背景下，由政府引导，行会主导，私营企业实施建设的跨企业培训中心应运而生。跨企业培训中心由各行业协会管理，为整个行业服务。其主要服务对象一是缺乏培训设备师资的中小企业员工；二是需要转岗培训的社会弱势群体；三是需要继续教育培训的企业和社会人士。

"双元制"职教模式在我国实践的三十多年来，已逐步为我国职教界所接受和理解，但一些借鉴"双元制"模式办学的实践遇到了很大的阻力。我国职业教育与德国职业教育的最大区别是，学生是由学校招生，就业待定，学生的身份单一，学校承担了理论和实践课程。而德国的学生是企业招工，不同企业的员工合起来组成职业学校里的一个班，在学校上理论课，然后各自回到企业里去上实习课，实习课全部在企业完成。

（一）跨企业培训中心建设的基本思路

跨企业培训中心建设的基本思路是，在我国现有教育模式的基础上，将学校的实训车间和教学工厂分离开来，引进和实施德国相关职业标准，统筹规划，建设跨企业、跨专业的综合技能培训中心，实施德国"双元制"本土化培训模式。跨企业培训中心的主要功能是代表企业对学员进行技术培训，采用管委会管理下的总经理负责制，企业化的运作模式，为地区职业院校、企业和行业服务。

（二）跨企业培训中心的管理架构

泸职院成立跨企业培训中心管理委员会，管委会负责人由泸州职业技术学院主管领导担任，成员为市人社局、相关企业和泸州职业技术学院相关负责人。管委会负责制定建设目标、建设规划、运作模式、培训模式，决定经费来源及使用等重大事项；培训中心管委会定期召开会议，共同研究或审查建设和基地管理过程中的一些重大问题。管委会直接领导总经理，负责总经理考核任免。培训中心实行总经理负责制，企业化管理，独立核算制度。培训中心管委会授权总经理开展工作，并按期做好财务与经济审计工作。总经理的主要职责是制定培训计划，监控培训质量。设置一名总经理助理，协助总经理安排、管理学生在培训中心的实训教学工作。设置基础和专业实训部经理，负责培训内容、培训学时的确定，组织培训师按照培训规则开展实训教学，组织 HWK 中期考试和结业考试。

（三）跨企业培训中心的教学设计

"双元制" 本土化模式中，学生前两学年的基础实践教学如车削、铣削、钳工、焊接、测量、钣金、气动与液压、电气控制等培训模块全部在跨企业培训中心基础实训部开展，第三学年参与的生产、设计、核算、质保、毕业设计等实践环节在跨企业培训中心专业实训部和合作企业开展。学员的技术培训采取企业标准。跨企业培训中心采用 8 小时工作制，并严格规范学员职业素质和职业规范，并严格管理。学员的实习产品按评价标准分为合格与不合格，即产品的尺寸精度、产品质量只有合格与不合格两种，不合格者需要重修，直至合格。

（四）跨企业培训中心运营模式

培训中心采用管委会管理下的企业化运作模式，实行总经理负责制，建立资金使用管理制度，加强资金使用过程的内部监控，规范资金的使用和管理。通过以下方式获得基本经费：一是培训职业院校学生。积极寻求企业合作，促进学生与企业、学院签订三方协议，由企业承担部分培训费用。二是培训行业员工。通过与地方政府、市人社局及行业协会合作，开展行业员工培训。三是承接技能鉴定。四是针对职业院校教师、企业技术管理人员开展职业继续教育培训。运营初期，泸州职业技术学院根据实际需要提供必要的资金，以确保培训中心有序开展工作。

六、项目实施经验总结

(一)项目主要解决的教学问题及解决方法

1. 主要解决机电类专业人才培养过程中出现的以下问题

(1) 学科课程体系不适应职业岗位能力要求的问题。

(2) 教学实施与考评与职业岗位能力培养脱节的问题。

(3) 教师能力不适应"双元制"人才培养模式本土化的问题。

(4) 实训基地不能满足"双元制"人才培养模式本土化的问题。

2. 解决教学问题的方法

建立"中德合作，学院主导，企业主体，联盟指导"机制，借鉴德国经验，开展"双元制"职教模式本土化实践，是解决上述问题的基本方法。其具体方法如下。

(1) 解构学科知识本位课程体系，重构"双元制"本土化能力本位课程体系

将学生能力导向工作体系，职业性是职业教育区别于普通教育的本质属性。但通过"三改一补"成立的职业技术学院，课程基本是中专课程的调整、本科普通院校课程的移植与压缩，学科痕迹十分明显，不利于职业能力培养。本项目在调研企业岗位典型工作任务的基础上，分析岗位工作能力，结合部颁标准，融合德国《课程框架》(学校元)、《培训规则》(企业元)，重构了双元融合的职业教育课程体系 (见图3-11)。

（2）改革教学内容、方式、评价，借鉴"双元制"经验凸显学生职业能力培养

一是改学科按知识逻辑编排的内容体系，对企业典型工作任务和工作过程进行教学化改造，大量实施基于工作过程的项目化课程、任务驱动课程。如"机械子系统的加工"等课程内容以企业真实项目为教学载体，编写能力本位活页式教材、工作手册式教材，推进在线课程资源建设等。二是改革"填鸭式"的教学方式，在"电子元件安装与焊接"等项目教学中，主要采用"资讯、计划、决策、实施、检查、评价"项目教学六步法，培养学生的职业工作能力。三是改变记忆理解式的书面学业评价方式，借鉴德国 HWK 考评体系，以企业工作岗位要求为标准，联合区域行业企业建设第三方考评体系，重构并实施包括学生学习过程考核、岗位工作能力考核、职业综合素质考核在内的学业评价体系。

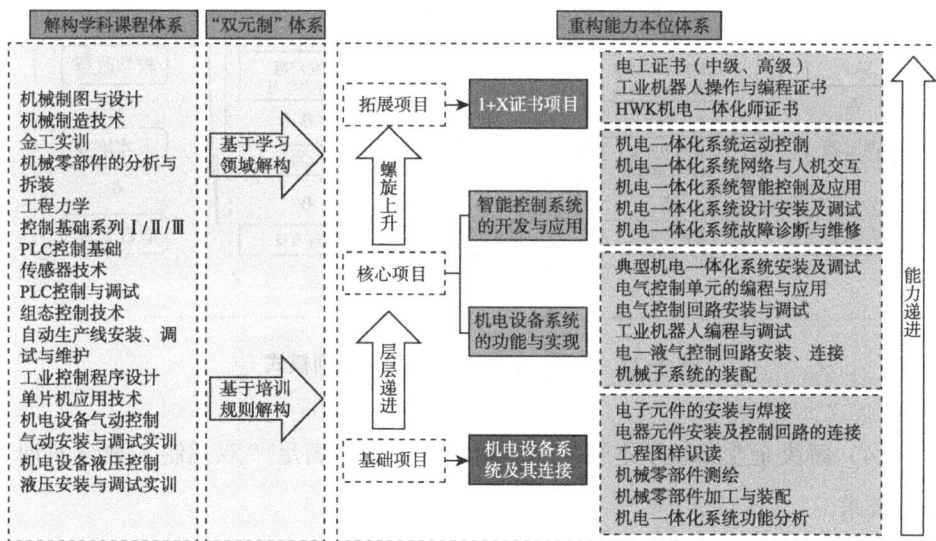

图 3-11　机电一体化专业课程体系建构案例

（3）突破单个短期培训思维禁锢，通过"团队—轮训—目标"路径培育双元融合的师资队伍

突破以往将教师作为单一个体短期送培模式，开辟了一条"团队—轮

训—目标"教师队伍培育之路。一团队：我国学校元的教师缺乏实践经验，职业教育能力弱，企业元教学机制不健全，师傅教学能力不到位。德国"双元制"校企师资分设，我们不能照搬。又因为专业人才培养是一个严密的体系，课程体系不可分割，更需要教师团队分工合作。故将校企师资融合，统筹组成专业教学团队，每个团队12人，送至德国学习"双元制"职业教育模式。二轮训："双元制"本土化教学改革，是一个持续渐进的过程。故沿着实践发现问题—送德国培训提高认识—教学岗位改革实践—送德国培训—再实践—再培训……路径，历时三年，开展了三次轮训。三目标：给定教师目标任务，严格考核（见图3-12）。

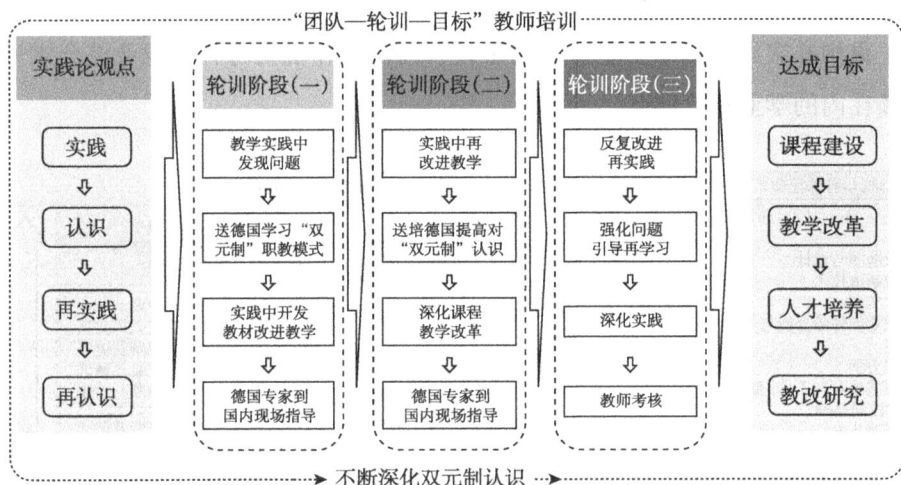

图3-12　团队—轮训—目标教师培训模式

（4）解决企业元教学不到位，创建"双中心"满足"双元制"教学实训条件要求

能力本位的职业教育，强调综合职业能力训练，机电类专业更需要加强"安全、环保、质量、标准、规范"等工程人员基本素质以及核心能力训练，这些能力训练必须经由真实环境的岗位训练才能达成，但我国学校元的实训课程缺乏真实职业岗位环境和生产过程的综合训练，企业元的岗位能力课程又由于种种原因，实施不到位。在学院主导、企业主体参与下，引进德国相关标准，

统筹规划，在校内创建跨企业、跨专业的综合技能培训中心，即"跨企业培训中心"，以实现"双元制"中企业元的培训功能。创建"HWK 考试中心"，承担学生技能考核和中德合作专业学生考取德国 HWK 职业资格证书的任务。

(二) 项目创新

1. 深刻认识并明确提出"双元制"职教模式本土化，应当坚持"三个实际"的教育改革理念

我国社会制度、职业教育沿革、企业职能分工与德国不同，不能照搬德国"双元制"职业教育经验。"双元制"职教模式本土化应坚持立足我国社会、学校、企业"三个实际"，坚定走中国特色社会主义新时代之路。本项目保留德国"双元制"精髓——双元元素培养应用型人才，将德国"双元"分立形式改为我国双元融合形式，将"双元制"校企分设的课程、师资、基地，融合为"双元制"本土化课程、师资、"双中心"，行之有效地解决了以往"双元制"本土化"水土不服"的问题。

2. 建构了以"三双"（双元融合的课程、双元融合的师资、双元融合的基地）破解"三点"（难点、关键点、痛点）的"双元制"职教模式本土化策略

课程改革是教学改革的核心和难点。结合国情，将德国《教学框架计划》（学校元）、《培训规则》（企业元）融合，构建了机电类专业能力本位课程体系，形成了机电类专业能力本位的学业考评体系。创造性地开发了"双元"融合的课程体系，解决了"双元制"课程本土化难点。教师是教育教学改革的关键因素。以往学习德国"双元制"，基本是将教师作为单一个体送培，但培训后"双元制"本土化仍然不能落地。本项目开创性地通过"团队—轮训—目标"模式培育双元融合的师资队伍，解决了"双元制"师资本土化关键点。创建"跨企业培训中心""HWK 考试中心"，解决了"双元制"基地本土化痛点。

3. 完善了"中德合作，四方协同"的"双元制"职教模式本土化机制

一是中德合作。该项目与德国德累斯顿工业大学合作，并受到德国联邦政府劳工部支持。德方提供了"机电一体化师""精密机械加工师"课程标

准、考评标准，对国内送培德国的教师团队进行了三轮培训，德国专家到国内开展教学指导、考核指导，对录用毕业生给予了政策支持。二是国内四方协同。国内地方政府给予了项目资金、合作政策支持；职业学院为主导，企业为参与主体，开展了"双元制""课程、师资、基地、人才培养本土化建设"；中德职教联盟则起着连接中德职业教育、企业、学校的桥梁纽带作用。

（三）成果推广应用及效果

本项目成果的形成、推广应用分为三个阶段进行，2013 年 1 月—2016 年 7 月为"双元制"本土化探索阶段；2016 年 8 月—2017 年 4 月为总结、扩大试验并形成新成果阶段；2017 年 5 月—2021 年 4 月为成果推广应用阶段。该成果在省内外、国内外反响良好。

1. 育人质量提高，学生能力得到国际认可

将"双元制"本土化成果运用于教育教学改革中，中德合作试验班共计 142 名学生，100%取得毕业证+HWK 职业资格证书。近五年，学生参加国家和省级技能大赛，获省级以上奖项 60 余项，学生完成创新创业项目 10 项，参加"互联网+"创新创业大赛获四川省金奖 1 项，银奖 1 项，国际级铜奖 1 项。2019 年 2—9 月，德国联邦劳工局及萨克森州各地区劳工局的专家两次来华选聘毕业生，中德合作试验班共计 10 名同学凭借过硬的专业技能，良好的综合素质入职德国萨克森州戴姆勒全资子公司。

2. 教师能力提升，引领业内教师成长

"项目师资团队连续三年赴德累斯顿工业大学学习，24 名教师全部取得德国 HWK"机电一体化师"或"精密机械加工师"职业培训资格证书和 HWK 考官证书。团队教师开发工作手册式、活页式教材 11 部。建设省级精品在线开放课程 1 门。双师比例由 80%提高至 100%。参加省级教师教学能力大赛，获一等奖 2 项，二等奖 1 项，三等奖 4 项。申报立项教育部社科课题 1 项，省级课题 5 项，泸州市市级课题 24 项，获授权专利 50 余项。校企合作完成项目开发、成果转化等服务 100 余项。通过贺元成教授担纲的省级机电一体化"双师型"名师工作室，全省 20 所中高职的同专业教师受到"双元制"本土化系统培训。依托泸州中德职业教育联盟，培训省内机电一体化专业教师 7 轮 300 余人次。

3. 专业内涵提升，带动其他专业建设

项目打造了一支具有国际视野的、能胜任"双元"融合课程教学的师资队伍，开发了"双元制"本土化课程资源，创建了"双元"融合的"双中心"基地，学院机电类专业内涵建设提档升级。2014 年立项为四川省创新行动计划省级骨干建设专业，2017 年立项为四川省优质校建设高水平建设专业，2019 年教育部认定为骨干专业。"双元制"职教模式本土化理念，以及专业建设路径在全院 40 个专业中推广应用，省内外 30 余个专业团队前来学习借鉴。

4. 企业认可度高，社会效益显著增强

四川航天川南火工科技有限公司、成都豪能科技股份有限公司等本地龙头企业高度认可"双元制"本土化班学生以及本专业毕业生。第三方麦可思数据报告显示，机电一体化技术专业毕业就业率 100%，毕业半年的月均收入为 4329 元/月，居于全校前列（见图 3-13）。本专业毕业生获高级工比例达 90%。"双中心"承接社会培训年均约 10000 人，每年开展社会人员技能等级评定 1500 余人次。

5. 项目落地生根，本土样板全国推广

泸州职业技术学院与四川航天川南火工技术有限公司等 18 家企事业单位联合，成立泸州市航天产业先进制造科技创新战略联盟，通过该联盟培训泸州本地企业员工。通过贺元成教授领衔的"四川省机电一体化技术'双师型'名师工作室"，培训 24 所中高职学校教师。依托泸州中德职教联盟，培训省内 15 所技师学院、职业院校教师。项目负责人贺元成教授受邀成都德国领事馆、同济大学中德职教高峰论坛和上海市高职院校教务处长培训班等做报告，面向全国推广"双元制"本土化经验。近三年广东科学技术职业学院、湖北水利水电职业技术学院等省内外 30 余所院校前来参观学习。"双元制"本土化经验在全国推广。

Data by MyCOS

3.各专业的就业率

本校2016届毕业半年后就业率较高的专业是机电一体化技术、软件技术、动漫设计与制作（均为100%），就业率较低的专业是英语教育、语文教育（均为81%）。

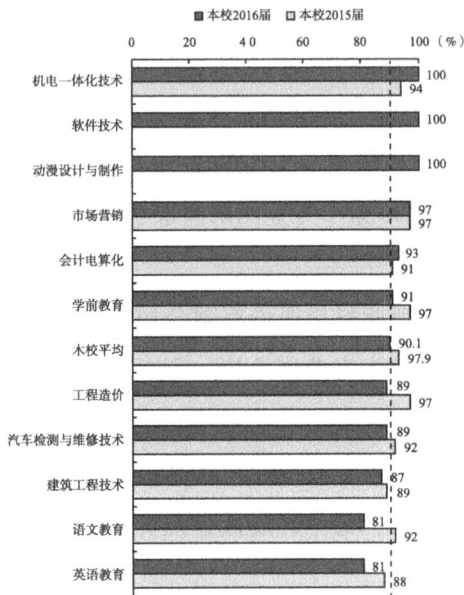

Data by MyCOS

5.各专业的月收入

本校2016届毕业半年后月收入较高的专业是软件技术（4629元）、机电一体化技术（4329元），毕业半年后收入较低的专业是物流管理（2673元）、学前教育（2750元）。

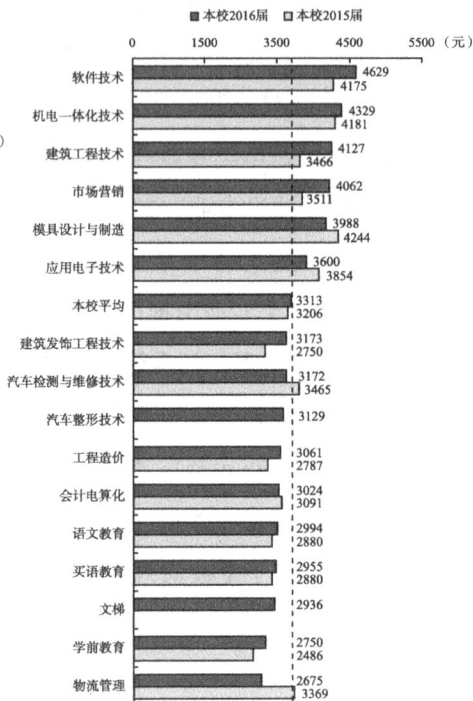

图3-13　机电一体化毕业生就业率和毕业半年后的月收入情况

6. 受教育部肯定，典型经验提供咨政参考

教育部时任教师工作司黄小华副司长，在武汉调研时，点名推荐到泸职院学习"双元制"本土化经验。因为赴德师资培训的积极成效，项目负责人贺元成教授两次受教育部邀请，参加教育部职业教育师资队伍建设政策研制会议，讨论《深化新时代职业教育"双师型"教育队伍建设改革实施方案》中若干实施细节。

7. 形成中国方案，服务"一带一路"共建国家

将"双元制"本土化课程成果转化开发成企业员工培训包，为本地汽车

零部件制造龙头企业泸州长江机械有限公司定制海外员工培训计划，为"走出去"企业开展员工培训。运用"双元制"本土化人才培养方案，开展南非留学生培训，完成了首批 23 名机电一体化专业南非留学生"请进来"培训任务。

8. 媒体论坛宣传报道，国内外影响深远

2016 年，泸州职业技术学院承办第一届中德职业教育合作论坛（泸州），教育部职业技术教育中心研究所、德国德累斯顿工业大学职业教育和继续教育学院、德累斯顿手工业联合会、四川省教育厅、四川省工商联、泸州市人民政府、国内 30 余家职业院校和合作企业代表参会。2018 年，成功举办了"第二届中德职业教育合作论坛（泸州）"，教育部、省教育厅、省人社厅、省外专局、泸州市委市政府等相关领导，德国驻成都总领馆、德国联邦劳工局、德累斯顿工业大学、萨克森州劳工局、德累斯顿手工业联合会、泰国国王科技大学代表出席会议，50 余所省内外院校以及 20 余家中外企业代表参加会议。教育导报、四川新闻、《中国职业技术教育》期刊等对"双元制"本土化经验进行了广泛报道。

第四章　德国职业教育"双元制"的未来启示

一、基本原则

(一)习近平总书记对职业教育的指示

2014 年 6 月，习近平总书记就加快职业教育发展作出重要指示强调：

职业教育是国民教育体系和人力资源开发的重要组成部分，是广大青年打开通往成功成才大门的重要途径，肩负着培养多样化人才、传承技术技能、促进就业创业的重要职责，必须高度重视、加快发展。

2014 年 6 月，习近平总书记就加快职业教育发展作出重要指示指出：

要树立正确人才观，培育和践行社会主义核心价值观，着力提高人才培养质量，弘扬劳动光荣、技能宝贵、创造伟大的时代风尚，营造人人皆可成才、人人尽展其才的良好环境，努力培养数以亿计的高素质劳动者和技术技能人才。要牢牢把握服务发展、促进就业的办学方向，深化体制机制改革，创新各层次各类型职业教育模式，坚持产教融合、校企合作，坚持工学结合、知行合一，引导社会各界特别是行业企业积极支持职业教育，努力建设中国特色职业教育体系。要加大对农村地区、民族地区、贫困地区职业教育支持力度，努力让每个人都有人生出彩的机会。

2019 年 9 月，习近平总书记对我国选手在世界技能大赛取得佳绩作出重要指示强调：

劳动者素质对一个国家、一个民族发展至关重要。技术工人队伍是支撑中国制造、中国创造的重要基础，对推动经济高质量发展具有重要作用。要健全技能人才培养、使用、评价、激励制度，大力发展技工教育，大规模开展职业技能培训，加快培养大批高素质劳动者和技术技能人才。要在全社会弘扬精益求精的工匠精神，激励广大青年走技能成才、技能报国之路。

2019 年 8 月 19 日至 22 日，习近平总书记在甘肃考察时指出：

发展职业教育前景广阔、大有可为。

实体经济是我国经济的重要支撑，做强实体经济需要大量技能型人才，需要大力弘扬工匠精神，发展职业教育前景广阔、大有可为。山丹培黎学校是一所具有光荣历史和国际主义精神的职业学校。路易·艾黎先生提出"手脑并用，创造分析"的办学宗旨，对今天我们发展职业教育依然有借鉴意义。要继承优良传统，创新办学理念，为新时代推进西部大开发培养更多应用型、技能型人才。

三百六十行，行行出状元。希望你们继承优良传统，与时俱进，认真学习，掌握更多实用技能努力，成为对国家有用，为国家所需的人才。

2020 年 9 月 22 日，习近平总书记在教育文化卫生体育领域专家代表座谈会上的讲话：

人力资源是构建新发展格局的重要依托。要优化同新发展格局相适应的教育结构、学科专业结构、人才培养结构。要完善全民终身学习推进机制，构建方式更加灵活、资源更加丰富、学习更加便捷的终身学习体系。要大力发展职业教育和培训，有效提升劳动者技能和收入水平，通过实现更加充分、更高质量的就业扩大中等收入群体，释放内需潜力。

2020 年 11 月 24 日，习近平总书记在全国劳动模范和先进工作者表彰大会上的讲话：

要完善现代职业教育制度，创新各层次各类型职业教育模式，为劳动者成长创造良好条件。技术工人是支撑中国制造、中国创造的重要基础。要完善和落实技术工人培养、使用、评价、考核机制，提高技能人才待遇水平，畅通技能人才职业发展通道，完善技能人才激励政策，激励更多劳动者特别是青年人走技能成才、技能报国之路，培养更多高技能人才和大国工匠。

新形势下，我国工人阶级和广大劳动群众要继续学先进赶先进，自觉践行社会主义核心价值观，用劳动模范和先进工作者的崇高精神与高尚品格鞭策自己，焕发劳动热情，厚植工匠文化，恪守职业道德，将辛勤劳动、诚实劳动、创造性劳动作为自觉行为。

2021 年 4 月，习近平总书记对职业教育工作作出重要指示强调：

在全面建设社会主义现代化国家新征程中，职业教育前途广阔、大有可为。

中共中央总书记、国家主席、中央军委主席习近平近日对职业教育工作作出重要指示强调，在全面建设社会主义现代化国家新征程中，职业教育前途广阔、大有可为。要坚持党的领导，坚持正确办学方向，坚持立德树人，优化职业教育类型定位，深化产教融合、校企合作，深入推进育人方式、办学模式、管理体制、保障机制改革，稳步发展职业本科教育，建设一批高水平职业院校和专业，推动职普融通，增强职业教育适应性，加快构建现代职业教育体系，培养更多高素质技术技能人才、能工巧匠、大国工匠。各级党委和政府要加大制度创新、政策供给、投入力度，弘扬工匠精神，提高技术技能人才社会地位，为全面建设社会主义现代化国家、实现中华民族伟大复兴的中国梦提供有力人才和技能支撑。

中共中央政治局常委、国务院总理李克强作出批示指出，职业教育是培养技术技能人才、促进就业创业创新、推动中国制造和服务上水平的重要基础。近些年来，各地区各相关部门认真贯彻党中央、国务院决策部署，推动职业教育发展取得显著成绩。要坚持以习近平新时代中国特色社会主义思想为指导，着眼服务国家现代化建设、推动高质量发展，着力推进改革创新，借鉴先进经验，努力建设高水平、高层次的技术技能人才培养体系。要瞄准技术变革和产业优化升级的方向，推进产教融合、校企合作，吸引更多青年接受职业技能教育，促进教育链、人才链与产业链、创新链有效衔接。加强职业学校师资队伍和办学条件建设，优化完善教材和教学方式，探索中国特色学徒制，注重学生工匠精神和精益求精习惯的养成，努力培养数以亿计的高素质技术技能人才，为全面建设社会主义现代化国家提供坚实的支撑。

全国职业教育大会 2021 年 4 月 12 日至 13 日在京召开。

会上传达了习近平重要指示和李克强批示。中共中央政治局委员、国务院副总理孙春兰出席会议并讲话。她指出，要深入贯彻习近平总书记关于职业教育的重要指示，落实李克强总理批示要求，坚持立德树人，优化类型定位，加快构建现代职业教育体系。要一体化设计中职、高职、本科职业教育培养体系，深化"三教"改革，"岗课赛证"综合育人，提升教育质量。要健全多元办学格局，细化产教融合、校企合作政策，探索符合职业教育特点的评价办法。各地各部门要加大保障力度，提高技术技能人才待遇，畅通职业发展通道，增强职业教育认可度和吸引力。

2022 年 10 月 16 日，党的二十大胜利召开，习近平总书记在大会报告（党的二十大报告）中强调，"统筹职业教育、高等教育、继续教育协同创新，推进职普融通、产教融合、科教融汇，优化职业教育类型定位"，再次明确了职业教育的发展方向。从国内外职业教育实践来看，产教融合是职业教育的基本办学模式，也是职业教育发展的本质要求。从经济发展情况来看，产业是经济发展增长带，经开区、高新区等经济功能区是经济发展增长极，位居其中的企业是经济发展增长点；一个国家、地区经济发展的持续力和竞争力，很大程度上取决于产业、经济功能区、企业的持续力和竞争力；产业、经济功能区、企业要想获得持续发展动能，也必须走产教融合道路。

2022 年 8 月 19 日，习近平总书记向世界职业技术教育发展大会致贺信，强调"职业教育与经济社会发展紧密相连，对促进就业创业、助力经济社会发展、增进人民福祉具有重要意义"。

(二)关于职业教育的基本论述和基本原则

基于以上对中国职业教育的相关法律、政策及领导人讲话精神的梳理可知，我国职业教育的基本论述和基本原则体现在以下几个方面。

1. 职业教育的战略定位

职业教育是我国国民教育体系不可或缺的组成部分，对于人力资源开发和培养高素质技术技能人才具有重要意义，被视为推动就业、经济增长和社会进步的关键途径。

2. 产业对接与市场需求导向

职业教育强调与产业发展趋势紧密相连，切实做到与产业需求同步，精准对接各行业领域，着力培养符合市场和产业发展所需的实战型、创新型技术技能人才。

3. 品质优先与能力培养

职业教育的核心价值在于教学质量与能力养成，致力于培育具有良好专业知识储备、扎实实践技能、创新思维和较强实际操作能力的优秀职业人才。

4. 公平公正与包容性原则

职业教育应确保教育机会的平等，关注弱势群体和欠发达地区的教育需求，致力于让更多人享有高质量的职业教育资源，全面提升全体国民的素质和就业竞争力。

5. 终身教育与可持续发展

职业教育不仅要服务于青少年的职业起步阶段，更要关注全社会成员的终身学习需求，构建贯穿人生全程的职业教育服务体系，助力个人职业发展与社会整体人力资源升级。

6. 党性教育与以人为本

职业教育要坚持贯彻党的教育方针，以人为本，遵循因材施教的原则，注重实践教育、创新能力培养和创业精神塑造。

7. 产教融合与校企合作

职业教育要强化产教深度融合，积极推动校企深度合作，通过企业实训、工学结合等方式，切实提高学生的职业技能和就业创业能力。

8. 服务大众与个性化教育

职业教育应当面向全体公民，关注个体差异，提供多样化教育服务，满足社会多元化和个性化教育需求，确保教育与生产劳动相结合，真正实现教育普惠与社会公平。

综上所述，我国职业教育的基本论述和基本原则既体现了职业教育在国家发展战略层面的重要地位，又突出了其实现高质量内涵式发展、服务社会需求、保障教育公平以及促进个体终身成长的多重功能。

二、借鉴理念

(一)德国"双元制"职业教育的特点和优势

1. 德国"双元制"职业教育的特点

根据前文分析，德国"双元制"职业教育的特点主要有三个。

(1)"双元制"职业教育模式

德国"双元制"职业教育是一种将学校教育和企业实践紧密结合的教育模式，学生在职业学校学习专业理论知识，同时在企业进行实践操作技能培训，从而实现了理论与实践的有机结合。

(2)企业广泛参与

在德国"双元制"职业教育中，企业发挥着重要的作用。企业不仅提供实践操作技能培训的场所和设备，还直接参与学生的培养过程，与学校共同制定培养计划、进行课程设置等，确保教育内容与实际工作需求紧密对接。

(3)实践与理论交替进行

学生的学习过程是在学校和企业之间交替进行的，这有助于学生将所学的理论知识及时应用于实践中，加深对知识的理解和掌握。同时，通过实践操作，学生还能获得直接经验，提升技能水平。

2. 德国"双元制"职业教育的优势

（1）产教深度融合

德国"双元制"职业教育的核心优势之一是实现了产业界与教育界的深度融合。学校与企业紧密合作，共同制定教育计划和课程内容，确保教育内容与行业实际需求一致。这种深度融合有助于缩小学生所学知识与实际工作之间的差距，使学生毕业后能够迅速适应工作岗位。

（2）校企合作共赢

在德国"双元制"职业教育中，企业积极参与学生的培养过程，为学生提供实践操作的机会和岗位。这种合作模式实现了校企之间的资源共享和优势互补，企业可以获得符合其需求的高素质人才，学校则可以得到企业的支持和反馈，不断优化教育内容和教学方法。

（3）实践导向教学

德国"双元制"职业教育注重实践能力的培养，实践导向教学在整个教育过程中占有很大的比重。学生在企业实践中学习并掌握实际操作技能，这种以实践为导向的教学方法有助于提高学生的职业技能和就业竞争力。

（4）职业素养全面提升

除了专业技能的培养外，德国"双元制"职业教育还注重学生的职业素养和综合素质的提升。学生在企业实践中不仅学习技能，还学习如何与同事合作、如何解决问题、如何适应企业文化等，这些都有助于学生未来职业生涯的成功。

（5）教育质量保障

德国"双元制"职业教育有着严格的教育质量保障体系。学校和企业都有明确的教育目标和责任分工，同时接受政府和行业协会的监督和评估。这种教育质量保障体系确保了教育的高质量和学生的高水平培养。

（二）当前中国职业教育体系的不足之处

对比分析中国现行职业教育体系与德国"双元制"职业教育，可以发现中国现行职业教育体系存在以下不足之处。

1. 企业参与程度不足

与德国"双元制"相比，中国职业教育体系中企业的参与程度不足。虽然政策上鼓励企业参与职业教育，但实际上，很多企业对职业教育的投入有限，缺乏深度合作。这导致学生难以获得充足的实践机会和岗位，无法充分将理论知识与实践相结合。

企业参与程度不足是中国现行职业教育体系与德国"双元制"职业教育相比存在的一个显著问题。在德国"双元制"职业教育中，企业扮演着至关重要的角色，与学校共同承担培养学生的责任。然而，在中国职业教育体系中，企业的参与程度不足，主要体现在以下几个方面：

首先，企业缺乏参与职业教育的动力。在德国，企业参与职业教育可以获得政府的补贴和税收减免等优惠政策，同时通过培养符合自身需求的人才来提升竞争力。在中国，虽然政府也出台了一系列政策鼓励企业参与职业教育，但这些政策的落实和执行力度较弱，企业的积极性没有得到充分调动。

其次，企业与学校之间的合作不够紧密。在德国"双元制"职业教育中，企业与学校共同制定培养计划、进行课程设置和教材开发等，确保教育内容与企业实际需求一致。然而，在中国职业教育体系中，企业与学校之间的合作往往停留在表面，缺乏深度合作和有效沟通。这导致学校教育与企业需求脱节，学生难以获得符合市场需求的职业技能和知识。

最后，企业提供的实践机会和岗位有限。在德国"双元制"职业教育中，学生大部分时间都在企业，这有助于学生掌握实际工作所需的技能和知识。然而，在中国职业教育体系中，由于企业参与不足，学生往往难以获得充足的实践机会和岗位。这使得学生无法得到充分锻炼，也影响了学生的就业竞争力。

综上所述，企业参与程度不足是中国现行职业教育体系中存在的一个突出问题。为了提升职业教育的质量和水平，需要进一步加强与企业的合作，通过政策引导、优惠扶持等方式激发企业参与职业教育的积极性，同时加强学校与企业之间的深度合作和有效沟通，使教育内容与企业实际需求保持一致。

2. 产教融合不够深入

尽管中国职业教育一直在推进产教融合，但与德国相比，仍存在差距。学校和企业在教育内容和教学方法上的融合不够深入，往往导致学校教育与企业需求脱节。这使学生难以适应市场需求，就业竞争力不足。

产教融合不够深入确实是中国职业教育体系存在的一个严重问题。

产教融合不够深入主要表现在以下几个方面：

（1）教育内容与市场需求脱节：尽管中国职业教育一直强调与市场接轨，但在实际操作中，学校的教育内容往往滞后于行业发展和市场需求的变化。部分学校的教学计划、课程设置以及教材更新速度较慢，无法及时反映新技术、新工艺和新标准的要求。这导致学生在学校学习的知识与实际工作不匹配，难以直接应用到实际工作中。

（2）教学方法与企业实践脱节：中国职业教育体系在教学方法上仍然注重理论知识的传授，而忽视了实践操作技能的培养。很多学校缺乏与企业的深度合作，如工学交替、项目驱动等，无法为学生提供真实的职业环境和实践机会。这种教学方法与企业实践脱节，使学生在校期间难以接触到实际工作场景，无法有效锻炼和提升职业技能。

（3）缺乏有效的校企合作机制：虽然政策上鼓励学校与企业进行合作，但实际上，很多学校与企业之间的合作仍然停留在表面，缺乏深度合作和有效沟通。学校往往只是将企业作为实习基地，而没有真正参与到学生的培养过程中；企业则缺乏参与职业教育的动力和激励机制，对学校的合作需求响应不够积极。这种校企合作机制制约了产教融合的深入发展。

（4）师资力量薄弱：产教融合需要有一支既懂教育又懂产业的师资队伍作为支撑。然而，在中国职业教育体系中，很多教师缺乏企业实践经验和行业经验，无法为学生提供有效的实践指导和职业规划建议。这导致学生在学习过程中难以获得全面地职业指导和技能培养，也影响了产教融合的效果。

产教融合不够深入带来的后果是严重的。首先，学生难以适应市场需求，就业竞争力不足。由于学校教育与市场需求脱节，很多毕业生在求职过程中发现自己所学的知识与实际工作需求不符，难以找到合适的工作岗位。其次，企业难以招聘到符合需求的高素质人才。由于学校培养的学生缺乏实际工作经验和职业技能，企业需要花费大量时间和精力进行岗前培训和适应期培养，增加了用人成本和时间成本。

为了解决产教融合不够深入的问题，中国职业教育需要进一步加强与企业的合作和沟通。首先，政府可以出台更加优惠的政策和措施，鼓励企业积极参与职业教育和培训活动。同时，学校也要主动与企业建立紧密的联系和合作关系，共同制定培养计划、课程设置和教材开发等。其次，学校需要改革教学方法和模式，注重实践操作技能的培养和职业素养的提升。通过引入工学交替、项目驱动等教学模式，为学生提供更多的实践机会和岗位。最后，加强师资队伍建设也是提升产教融合效果的关键。学校需要积极引进具有企业实践经验和行业经验的优秀人才担任教师，同时加强对现有教师的培训和提升工作。

3. 实践教学比重不足

在中国职业教育体系中，实践教学的比重不足。很多学校仍然注重理论知识的传授，而忽视了实践操作技能的培养。这种教学模式与市场需求脱节，不利于学生职业技能的提升。

实践教学比重不足是中国职业教育体系中一个亟待解决的问题。这一问题具体表现在以下几个方面：

（1）重理论轻实践的教学观念：在中国的一些职业学校中，由于传统教育观念的影响，实践教学往往被视为理论教学的附属品。部分学校和教育者认为，只有掌握了扎实的理论知识，学生才能在实际工作中灵活运用。然而，这种观念忽视了实践教学在培养学生职业技能和职业素养方面的重要作用。

（2）实践教学资源不足：实践教学需要大量的教学资源和实践场地，包括实验室、实训中心、企业实习基地等。然而，由于资金投入不足、设备更新滞后等原因，很多学校的实践教学条件有限，无法满足所有学生的实践需求。

（3）实践教学师资力量薄弱：实践教学需要教师具备丰富的实践经验和较高的技能水平。然而，在中国职业教育体系中，很多教师缺乏企业实践经验和行业经验，无法为学生提供有效的实践指导。这导致实践教学的质量无法得到保证。

下面将进一步阐述这一问题的现状及其影响。

（1）学生职业技能提升受限：实践教学是培养学生职业技能和职业素养的重要环节。通过实践操作，学生可以更好地理解和掌握理论知识，提升技能水平。然而，由于实践教学比重不足，学生的职业技能无法得到充分锻炼和提升，难以适应市场需求。

（2）学生就业竞争力下降：在现代社会，企业更加注重应聘者的实践经验和技能水平。然而，由于学校在实践教学方面的不足，学生往往缺乏实际工作经验和职业技能，导致在求职过程中就业竞争力下降。

（3）职业教育与市场需求脱节：实践教学比重不足还可能导致职业教育与市场需求脱节。学校培养的学生无法直接满足企业的用人需求，企业还需要花费大量时间和精力进行岗前培训和适应期培养。这种脱节不仅增加了企业的用人成本，也制约了职业教育的发展。

4. 师资力量薄弱

与德国相比，中国职业教育的师资力量薄弱。很多职业学校的教师缺乏企业实践经验和行业经验，无法为学生提供有效的实践指导。这制约了职业教育质量的提升和学生职业技能的培养。

师资力量薄弱确实是中国职业教育与德国等先进职业教育体系相比存在的一个显著问题，具体表现在以下几个方面：

（1）缺乏企业实践经验和行业经验：在中国职业教育体系中，很多教师是直接从学校到学校，没有经历过企业工作或行业实践，因此缺乏实践操作经验和对行业最新发展动态的了解。这导致他们在教学中难以将理论知识与实际应用相结合，无法为学生提供有效的实践指导。

（2）教师培训机制不完善：虽然中国职业教育体系中有教师培训项目，但这些培训往往侧重于教学方法和教育理论，不是针对具体行业和职业技能。

这导致教师在接受培训后仍然无法有效提升自己的实践能力和行业经验。

（3）教师招聘标准不够全面：在招聘教师时，很多职业学校过于注重应聘者的学术背景和学历，而忽视了其实践经验和行业技能。这导致一些具有丰富实践经验和行业技能的人才无法进入职业教育领域，从而加剧了师资力量的薄弱问题。

师资力量薄弱制约了职业教育质量的提升和学生职业技能的培养，具体表现在以下几个方面。

（1）制约教学质量提升：教师是学生获取知识和技能的重要来源，如果教师本身缺乏实践经验和行业经验，那么他们在教学中就无法将理论知识与实际应用相结合，无法为学生提供真实、有效的学习体验。这将严重影响教学质量和学生的学习效果。

（2）限制学生职业技能培养：职业教育的核心目标是培养学生的职业技能和就业竞争力。然而，由于很多教师无法为学生提供有效的实践指导和职业规划建议，学生的职业技能无法得到充分锻炼和提升。这将严重影响学生的就业竞争力和职业发展前景。

（3）阻碍职业教育创新发展：职业教育需要不断创新以适应社会发展和市场需求的变化。然而，由于师资力量薄弱，很多教师缺乏创新意识和创新能力，无法积极探索新的教学方法和教学模式。这将严重阻碍职业教育的创新发展和提升。

5. 政策支持和资金投入不足

虽然我国近年来加大了对职业教育的投入和支持力度，但与德国等发达国家相比，仍存在差距。政策支持和资金投入的不足制约了职业教育的发展和创新，也影响了学生的培养质量和就业前景。

政策支持和资金投入不足确实是中国职业教育发展面临的一大挑战，尽管近年来有所改善，但与德国等职业教育发达国家相比，仍有显著差距。以下是对这一问题的进一步阐述：

（1）政策支持体系不完善：虽然政府出台了一系列政策来推动职业教育的发展，但这些政策往往缺乏具体的实施细则和配套措施，导致政策执行效果不佳。此外，政策之间的衔接和协调也不够顺畅，有时甚至出现政策冲突的情况。

（2）资金投入不足：职业教育需要大量的资金来支持基础设施建设、教学资源更新、师资队伍建设等。然而，与普通教育相比，职业教育在资金投入上往往处于劣势地位。这导致很多职业学校面临资金短缺的问题，无法为学生提供优质的教育和培训服务。

（3）地区间发展不均衡：由于中国地域辽阔，各地区经济发展水平差异较大，这也反映在职业教育的投入和支持上。一些经济发达地区的职业教育得到了较好的发展，而一些经济欠发达地区则面临更大的挑战。这种地区间的不均衡进一步加剧了职业教育发展的不平衡性。

政策支持和资金投入不足制约了职业教育的发展和创新，也影响了学生的培养质量和就业前景。这表现在以下几个方面：

（1）制约职业教育创新：缺乏政策支持和资金投入，职业学校往往无法承担创新的风险和成本，导致在教学方法、课程设置、教材开发等方面的创新受到制约。这使职业教育难以适应市场需求的快速变化，也影响了学生的培养质量和就业前景。

（2）限制学生发展空间：由于资金投入不足，很多职业学校无法为学生提供充足的实践机会和优质的教育资源。这限制了学生的发展空间和提升潜力，使他们在就业市场上处于不利地位。同时，也影响了社会对职业教育的认可和接受程度。

（3）影响社会经济发展：职业教育是培养高技能人才的重要途径，对于推动社会经济发展具有重要意义。然而，由于政策支持和资金投入不足，职业教育的发展受到制约，无法满足社会对高技能人才的需求。这将影响产业升级、技术创新和经济发展等。

综上所述，中国现行职业教育体系在企业参与程度、产教融合、实践教学比重、师资力量以及政策支持和投入等方面存在不足之处。为了提升职业教育的质量和水平，需要进一步加强与企业的合作、深化产教融合、增加实践教学的比重、加强师资队伍建设以及加大政策支持和投入力度。

（三）借鉴德国"双元制"职业教育的理念和模式

借鉴德国"双元制"职业教育的理念和模式，对于中国职业教育的发展具有积极意义。以下是关于如何借鉴德国"双元制"职业教育模式的一些建议。

1. 强化实践教学和校企合作

（1）增加实践教学比重

德国"双元制"职业教育模式强调实践教学与理论教学的紧密结合。中国职业教育应增加实践教学的比重，确保学生能够在实际工作环境中应用所学知识。

实践教学是职业教育的重要组成部分，但在中国的一些职业学校中，实践教学的比重仍然相对较低。为了改变这种状况，职业学校需要调整教学计划，增加实践教学的比重，确保学生能够在实际工作环境中应用所学知识。

首先，学校可以与企业合作，共同制定实践教学计划，明确实践教学的目标和要求。企业可以提供实际工作场景和案例，帮助学生更好地理解和掌握所学知识。同时，学校还可以邀请企业人员参与实践教学过程，为学生提供实时的指导和反馈。

其次，学校应加大对实践教学资源的投入，改善实践教学条件。这包括建设实验室、实训中心、企业实习基地等，为学生提供充足的实践机会和岗位。此外，学校还可以利用现代信息技术，如虚拟现实、模拟仿真等，创建虚拟实践环境，让学生在模拟的工作场景中进行实践操作。

（2）深化校企合作

建立稳固的校企合作机制，使学生在学习过程中就能接触到真实的工作环境，同时为企业提供定制化的人才培养服务。

在德国"双元制"职业教育模式中，实践教学与理论教学是相辅相成的，二者紧密结合，共同构成了职业教育的完整体系。实践教学不仅能够帮助学生将理论知识转化为实际操作技能，还能够培养学生的职业素养和团队合作精神。因此，中国职业教育在借鉴德国"双元制"职业教育模式时，应特别注重强化实践教学和校企合作。

校企合作是职业教育的重要特征之一，也是德国"双元制"职业教育模式的核心要素。通过深化校企合作，职业学校可以更好地了解企业的用人需求和行业发展趋势，为学生提供更贴合市场需求的职业教育。

为了深化校企合作，职业学校可以采取以下措施：

一是建立稳固的校企合作机制。学校与企业可以签订长期合作协议，明确双方的权利和义务。学校可以为企业提供人才培养、技术研发等服务，而企业则可以为学校提供实践教学资源、兼职教师等支持。

二是共同开发课程和教材。学校与企业可以合作开发符合行业发展趋势和市场需求的课程和教材。这些课程和教材应紧密结合实际工作场景和案例，注重培养学生的实践能力和职业素养。

三是开展定向培养和订单式培训。学校可以根据企业的用人需求，开展定向培养和订单式培训项目。这些项目可以针对企业的具体岗位和技能要求进行定制化培养，使学生在毕业后能够迅速适应企业的工作环境。

通过增加实践教学比重和深化校企合作，中国职业教育可以更好地借鉴德国"双元制"职业教育模式的理念和做法，提高职业教育质量和学生的就业竞争力。

2. 加强师资队伍建设

（1）加强师资队伍建设

在职业教育中，师资队伍的质量直接关系到学生的培养效果和学校的教育水平。为了提升职业教育的整体质量，加强师资队伍建设显得尤为重要。借鉴德国"双元制"职业教育模式的经验，我们可以从提升教师实践经验和引进企业导师两个方面入手。

（2）提升教师实践经验

在德国"双元制"职业教育模式中，教师不仅具备扎实的理论知识，还拥有丰富的实践经验。他们能够将理论与实践紧密结合，为学生提供有效的指导。因此，提升教师的实践经验对于中国职业教育来说至关重要。

首先，学校应鼓励教师积极参与企业实践。通过安排教师到企业挂职锻炼、参与企业项目等方式，让教师深入了解行业现状和发展趋势，增加行业经验。这样，教师不仅能够更好地指导学生，还能够将企业的最新技术和理念引入课堂，使教学内容更加贴近市场需求。

其次，学校应加大对教师实践能力的培训和考核力度。可以定期组织教师参加行业培训、技能竞赛等活动，提高教师的实践能力和专业素养。同时，将教师的实践经验作为职称评定、绩效考核的重要依据，激励教师主动提升自身的实践能力。

（3）引进企业导师

除了提升在职教师的实践经验，引进企业导师也是加强师资队伍建设的重要途径。企业导师具有丰富的行业经验和实际操作能力，能够为学生提供更加真实、有效的实践指导。

学校可以与企业建立长期合作关系，邀请具有丰富经验的企业人员担任兼职教师或导师。这些企业导师可以参与学校的课程设计、教材开发等工作，将企业的实际需求和案例融入教学内容中。同时，他们还可以为学生提供实习指导、职业规划建议等，帮助学生更好地适应市场需求和实现个人发展。

为了确保企业导师的教学质量，学校应建立严格的企业导师选拔和管理机制。明确企业导师的任职条件和职责要求，定期对企业导师进行培训和考核。同时，加强与企业之间的沟通和协调，确保企业导师能够充分发挥作用。

通过提升教师实践经验和引进企业导师，我们可以进一步加强职业教育的师资队伍建设，提高职业教育的整体质量和水平。这将有助于培养更多符合市场需求的高素质技能人才，推动中国职业教育的持续健康发展。

3. 完善政策支持和资金投入

（1）完善政策支持和资金投入

职业教育的发展离不开政策支持和资金投入。借鉴德国职业教育的成功经验，我们需要在政策制定和资金投入上做出更加具体和有针对性的努力，以确保职业教育的持续健康发展。

（2）制定具体政策

借鉴德国经验，制定更加具体、有针对性的职业教育政策，确保政策的连续性和稳定性。政策是推动职业教育发展的重要力量。为了提升职业教育的地位和质量，我们需要制定更加具体、有针对性的职业教育政策。

首先，政策应明确职业教育的发展目标和定位。通过政策引导，将职业教育与普通教育放在同等重要的地位，提升社会对职业教育的认可度和接受度。同时，政策还应根据经济社会发展的需要，及时调整职业教育的专业结构和课程设置，确保职业教育与市场需求紧密对接。

其次，政策应关注职业教育的质量保障和评估机制。建立健全职业教育的质量监控和评估体系，定期对职业教育机构进行评估和审核，确保教育质量。同时，政策还应鼓励和支持职业教育机构开展国际合作与交流，引进国际先进的职业教育理念和方法，提升职业教育的国际化水平。

最后，政策应关注职业教育的师资队伍建设。制定相关政策，提高职业教育教师的待遇和地位，吸引更多优秀人才投身职业教育事业。同时，加强职业教育教师的培训和进修机制，提升教师的专业素养和实践能力。

（3）增加资金投入

资金投入是职业教育发展的重要保障。为了推动职业教育的发展，我们需要加大对职业教育的资金投入力度，特别是在实践教学、师资队伍建设和企业合作等方面的投入。

首先，政府应增加对职业教育的财政拨款。在财政预算中设立职业教育专项资金账户，确保职业教育的经费来源稳定可靠。同时，政府还可以通过购买服务、税收减免等方式，鼓励和支持企业、社会组织等参与职业教育。

其次，鼓励社会力量参与职业教育。通过政策引导和市场机制，吸引社会资本进入职业教育领域。鼓励企业、行业组织等设立职业教育基金或奖学金，支持职业教育的发展。同时，加强与社会各界的合作与交流，共同推动职业教育的创新与发展。

最后，优化资金投入结构和使用效率。在制定资金投入计划时，应充分考虑职业教育的实际需求和发展重点。优先保障实践教学、师资队伍建设和企业合作等关键领域的资金投入。同时，加强资金使用的监管和评估机制，确保资金的安全有效使用。

通过制定具体政策和增加资金投入，我们可以为职业教育的发展提供更加坚实的保障。这将有助于提升职业教育的地位和质量，培养更多符合市场需求的高素质技能人才，推动经济社会的持续健康发展。

4. 推动职业教育与普通教育的融通

（1）推动职业教育与普通教育的融通

职业教育与普通教育的融通，对于培养学生的综合素质、提高职业教育的社会地位以及优化教育资源配置具有重要意义。通过建立普职融通机制和提高职业教育社会地位，我们可以推动职业教育与普通教育的有效衔接和融通，为学生的全面发展和未来的职业生涯奠定坚实基础。在普通教育中融入职业教育元素，使学生更早地了解职业规划和职业发展。

（2）建立普职融通机制

在传统教育体系中，职业教育与普通教育往往被割裂开来，导致学生在选择教育路径时面临诸多限制。为了打破这种壁垒，我们需要建立普职融通机制，使职业教育与普通教育相互渗透、相互补充。

首先，在普通教育中融入职业教育元素。这可以通过设置相关课程、开展实践活动、邀请职业教育专家进行讲座等方式实现。例如，在中学阶段引入职业教育课程，让学生了解不同职业的基本知识和技能要求，培养他们的职业兴趣和职业规划意识。同时，学校还可以组织学生参加职业体验活动，让他们亲身体验各种职业的工作环境，从而更好地了解自己的兴趣和能力所在。

其次，建立职业教育与普通教育的学分转换和认证机制。这有助于学生在不同类型的教育之间灵活转换，实现教育资源的最大化利用。例如，对于在普通教育中表现优秀的学生，可以给予他们进入职业教育机构学习的机会，并获得相应的学分认证；同样地，职业教育机构的学生也可以通过一定的考核和评价机制进入普通教育机构继续深造。

（3）提高职业教育社会地位

通过宣传和教育，提高社会对职业教育的认可和尊重，增强职业教育的吸引力。提高职业教育的社会地位是推动职业教育与普通教育融通的重要前提。只有当职业教育在社会中得到广泛认可和尊重时，它才能真正成为与普通教育并驾齐驱的教育类型。

首先，政府应加大对职业教育的宣传力度。通过媒体、网络等渠道广泛宣传职业教育的重要性和优势，提高公众对职业教育的认知度和接受度。同时，政府还可以设立职业教育奖项和荣誉制度，表彰在职业教育领域做出杰出贡献的个人和机构，进一步提升职业教育的社会地位。

其次，加强职业教育与普通教育的合作与交流。鼓励职业教育机构与普通教育机构开展多种形式的合作项目，如师资互聘、课程共享、联合培养等。通过这些合作项目，不仅可以提高职业教育的教学质量和水平，还可以增强社会对职业教育的认可度和信任度。

最后，完善职业教育的学历认证和就业保障体系。建立统一的学历认证机构，对职业教育学历进行权威认证和评价；同时加强与企业的合作与沟通，了解市场需求和用人标准，为学生提供更加精准的就业指导和保障。这将有助于提高职业教育的就业率和就业质量，进而提升其在社会中的地位和影响力。

5. 建立质量评估和反馈机制

为了确保职业教育的质量，并及时适应市场和行业的变化，建立质量评估和反馈机制至关重要。这一机制不仅有助于监控和提升教育质量，还能够确保职业教育的相关性和适应性，从而更好地服务于社会和经济的需求。

（1）定期评估教育质量

教育质量的评估是保障职业教育效果的重要手段。通过建立独立的质量评估机构，可以定期对职业教育机构进行全面的评估和审核，从而确保教育质量的持续提升。

评估标准的制定：质量评估机构应制定明确、全面的评估标准，涵盖教学内容、教学方法、师资队伍、实践教学、学生满意度等多个方面。这些标准应既体现职业教育的普遍要求，又考虑到不同行业和地区的特殊性。

评估过程的实施：评估过程应公正、透明，确保所有被评估的职业教育机构都受到相同标准的衡量。评估结果应及时向公众公布，以便学生和家长做出明智的选择，同时也促使职业教育机构不断自我改进。

后续改进的指导：评估结果不应仅仅是一个评分或排名，更应包括对职业教育机构的具体改进建议。质量评估机构应提供必要的指导和支持,帮助职业教育机构根据评估结果制定改进计划并付诸实施。

（2）及时反馈市场需求

职业教育与市场和行业紧密相连,因此必须时刻关注市场需求的变化,并及时调整教学内容和方向。

建立紧密联系:职业教育机构应与企业和行业保持紧密联系,通过定期的交流、研讨会、合作项目等方式,深入了解当前的市场趋势、技术发展和人才需求。

收集和分析反馈:通过问卷调查、访谈、实习反馈等多种途径,收集企业、行业和学生对职业教育的看法和建议。这些反馈应被仔细分析,以识别出市场需求的变化和职业教育的潜在改进点。

调整教学内容和方向:根据收集到的反馈和分析结果,职业教育机构应及时调整其教学计划、课程设置和教学方法,使所教授的内容与市场需求保持同步。同时,还应关注新兴行业和技术的发展趋势,以便及时调整专业方向和开设新的课程。

通过建立质量评估和反馈机制,职业教育机构可以不断提升其教育质量,更好地满足社会和经济的需求。这将有助于增强职业教育的吸引力和竞争力,为培养更多高素质的技能人才奠定坚实基础。

6. 促进学生全面发展

在职业教育中,学生的全面发展是至关重要的。这不仅意味着培养学生的专业技能,更重要的是培养他们的职业素养、团队合作精神以及创新能力,同时为他们提供多元化的发展路径。

（1）注重全面职业素养培养

职业素养的重要性:职业素养是指学生在职场中所需的一系列非技术性能力,如沟通、时间管理、责任心等。这些素养对于一个人的职业生涯至关重要,有时甚至能决定一个人是否能在职场中脱颖而出。

团队合作精神的培育:在职场中,很少有任务是单打独斗能完成的。因此,培养学生的团队合作精神至关重要。学校可以通过组织各种团队项目、小组作业等方式，让学生在实践中学会与他人合作，共同完成任务。

创新能力的培养：随着科技的快速发展和市场的不断变化，创新能力已成为职场中不可或缺的能力。学校应鼓励学生敢于尝试、勇于创新，为他们提供必要的资源和指导，培养他们的创新意识和能力。

（2）提供多元化发展路径

每个学生都有自己的兴趣和特长，职业教育应为学生提供多种发展路径选择，以满足他们的个性化需求。

升学路径：对于有志于深造的学生，学校应提供升学指导和支持，帮助他们了解升学途径、准备升学考试，并顺利进入更高层次的教育机构继续学习。

就业路径：对于希望尽早进入职场的学生，学校应与各大企业建立合作关系，提供实习和就业机会，帮助学生了解市场需求、提升就业竞争力，并顺利找到满意的工作。

创业路径：对于有创业意愿的学生，学校应提供创业教育和支持，包括创业理念、市场分析、资金筹集等方面的指导和帮助，培养他们的创业精神和能力。

通过借鉴德国"双元制"职业教育的理念和模式，并结合中国国情和市场需求进行本土化改造和创新，我们可以推动中国职业教育的持续健康发展。这不仅有助于培养更多高素质的技能人才，还能为社会和经济的繁荣做出更大的贡献。同时，这也需要政府、学校、企业和社会各方的共同努力和配合，共同为职业教育的美好未来贡献力量。

三、传播思考

（一）德国"双元制"职业教育在我国的推广与传播

1. 推广德国职业教育"双元制"的可行性

在全球化和技术快速发展的背景下，职业教育的重要性日益凸显。德国"双元制"职业教育作为国际上公认的成功模式，其在国内的推广与传播具有极高的可行性。

（1）强调职业教育的重要性和价值

当前，我国经济正处于转型升级的关键时期，对高素质技能人才的需求越发迫切。职业教育作为直接面向社会、服务经济发展的教育类型，对于培养技能人才、推动就业创业、促进经济转型升级具有不可替代的作用。德国"双元制"职业教育强调实践与理论相结合，注重学生综合职业能力的培养，符合现代社会对人才的需求。

（2）宣传德国"双元制"的成功经验和成果

德国"双元制"职业教育在国际上享有盛誉，其成功的经验和成果值得我们学习和借鉴。通过宣传德国"双元制"职业教育的成功案例、培养的高素质技能人才，可以增强国内对德国"双元制"职业教育的认同感和信心。同时，这也有助于消除一些人对职业教育的偏见和误解，提高职业教育的社会地位和吸引力。

（3）倡导社会各界对职业教育的支持和参与

推广德国"双元制"职业教育需要社会各界的共同努力和支持。政府应加大对职业教育的投入和政策支持，为推广德国"双元制"职业教育提供有力保障；企业应积极参与职业教育，与学校共同制定培养计划、提供实习实训岗位等；社会各界应广泛宣传职业教育的价值和意义，营造尊重技能、崇尚劳动的社会氛围。通过全社会的共同努力，推动德国"双元制"职业教育在国内的广泛传播和深入实践。

综上所述，推广德国职业教育"双元制"在国内具有极高的可行性和必要性。我们应充分认识到职业教育的重要性和价值，积极宣传德国"双元制"的成功经验和成果，倡导社会各界对职业教育的支持和参与，共同推动我国职业教育的改革与发展。

（二）推广德国"双元制"职业教育的具体建议和思考

1. 政策建议

（1）加大对职业教育的政策支持和资金投入力度

为了引进和发展德国"双元制"职业教育，政府需要给予强有力的政策支持和资金投入。这包括但不限于以下几个方面：

①财政专项资金支持：设立职业教育发展专项资金，用于支持德国"双元制"职业教育模式的引进、试点、推广以及师资队伍建设。通过政府购买服务、补贴、奖励等方式，引导和支持企业、职业院校和社会培训机构积极参与"双元制"职业教育。

②税收优惠政策：对参与"双元制"职业教育的企业给予税收减免或优惠，降低企业参与成本，提高其积极性。同时，对在职业教育中做出突出贡献的企业和个人给予表彰和奖励。

③土地和基础设施建设支持：在职业教育园区、产教融合基地等方面给予土地供应和基础设施建设支持，为"双元制"职业教育的实施提供必要的硬件条件。

④国际合作与交流平台搭建：加强与德国等国际职业教育先进国家的交流与合作，搭建国际合作平台，引进国外优质教育资源，推动职业教育国际化发展。

（2）制定和完善相关法律法规

法律法规是推广德国"双元制"职业教育的重要保障。为此，建议从以下几个方面入手。

①明确企业参与职业教育的法律地位：通过立法明确企业在职业教育中的主体地位和责任，规定企业必须承担一定的职业教育任务，并将其纳入企业社会责任评价体系。

②建立职业教育质量评估与监管机制：制定职业教育质量评估标准和监管办法，对参与"双元制"职业教育的企业、职业院校和社会培训机构进行定期评估和监督，确保其教学质量和效果。

③完善职业教育师资培养与认证制度：建立职业教育师资培养、认证和激励机制，提高师资队伍的整体素质和教学水平。同时，鼓励企业技术骨干和能工巧匠参与职业教育教学，拓宽师资队伍来源。

④保障学生权益与就业：制定相关法律法规，保障接受"双元制"职业教育的学生的合法权益，包括学习权、实习权、就业权等。建立学生就业服

务体系，提供就业指导和推荐服务，确保学生顺利就业。

综上所述，加大对职业教育的政策支持和资金投入力度以及制定和完善相关法律法规，可以为引进和发展德国"双元制"职业教育提供有力保障，推动我国职业教育事业的持续健康发展。

2. 加强师资培养和支持体系建设

在推广德国"双元制"职业教育的过程中，师资力量的强弱直接关系到教育质量的高低。因此，加强师资培养和支持体系建设是确保"双元制"职业教育在国内成功实施的重要环节。

（1）提高职业教育教师的专业水平和素质

为了培养高素质的技能人才，首先需要有高水平的教师队伍。这要求职业教育教师不仅具备扎实的专业理论知识，还要有丰富的实践经验和良好的教育教学能力。为此，可以通过提高教师入职门槛、加强在职教师的继续教育和专业培训等措施，来提升职业教育教师的整体专业水平和素质。同时，还应注重教师的职业道德和职业素养培养，确保他们能够以身作则，为学生树立良好的榜样。

（2）支持教师参与实践活动和行业交流

德国"双元制"职业教育强调实践教学，注重与行业企业的紧密联系。因此，在推广"双元制"的过程中，应鼓励并支持教师积极参与实践活动和行业交流。这可以通过安排教师到企业挂职锻炼、参与企业技术研发和项目合作等方式实现。同时，还应加强学校与行业协会、企业等机构的合作与交流，为教师提供更多的行业信息和资源，帮助他们及时了解行业动态和技术发展趋势。

（3）建立健全职业教育师资培训机制和激励机制

为了持续提高职业教育教师的专业水平和素质，必须建立健全的师资培训机制和激励机制。这包括制定完善的培训计划、提供充足的培训资源和经费保障、建立科学的培训评价体系等。同时，还应建立与教师职业发展相匹配的激励机制，如设立教学成果奖、优秀教师奖等荣誉奖项，以及提供晋升机会和薪酬待遇等方面的保障，以激发教师的积极性和创造力。

综上所述，加强师资培养和支持体系建设是推广德国"双元制"职业教育的重要保障措施之一。通过提高教师的专业水平和素质、支持他们参与实践活动和行业交流以及建立健全的师资培训机制和激励机制等措施的实施，可以为"双元制"职业教育在国内的推广与实施提供有力的人才支撑和保障条件。

3. 教学模式建议

在推广德国"双元制"职业教育的过程中，针对教学模式的改进与优化，可以从以下几个方面进行。

（1）注重实践教学和工学结合

强化实践环节：借鉴德国"双元制"职业教育模式，将理论学习与实际工作训练紧密结合，让学生在真实的工作环境中学习和掌握职业技能。这意味着需要在校内建设仿真实训中心或与企业共建实习实训基地，使学生能够在实践中理解理论知识，通过亲自动手操作提升技能水平。

工学交替：实行工学交替的学习方式，即学生在学校接受系统理论教育的同时，在企业中进行岗位实践，两者相互补充，互为依托。这种模式有助于培养学生的职业素养和解决实际问题的能力，有效缩短学生从学校到职场的角色转换期。

（2）加强与企业的深度合作与交流

构建校企联动机制：积极寻求与行业领先企业建立长期合作关系，邀请企业专家参与到职业教育的教学设计与实施过程中，让企业的需求直接指导教学目标和内容的设定，保证教学紧跟行业发展趋势和市场需求。

共同开发课程体系：基于企业实际需求，企业和学校共同研发课程，确保课程内容既包含基础理论知识，又涵盖行业前沿技术和企业实际操作流程，从而实现教学内容与产业需求的精准对接。

实施订单式培养：可考虑引入德国"学徒制"的某些元素，开展订单式人才培养，即根据企业特定岗位的需求，定向培养学生，以达到毕业后能快速胜任工作岗位的目的。

总之，推广德国"双元制"职业教育的关键在于将理论与实践深度融合，建立起与企业深度合作的教学模式，从而真正实现教育与产业的有效衔接，培养出符合市场需求的高技能人才。

4. 本土化创新和质量保障思考

（1）注重本土化创新和发展

在引进德国"双元制"职业教育的过程中，本土化创新和发展是至关重要的。德国"双元制"职业教育模式虽然在国际上享有盛誉，但直接照搬照抄可能会因文化背景、教育体制、经济环境等方面的差异而导致"水土不服"。因此，我们需要结合我国的实际情况进行改造和创新。

适应我国职业教育体系：我国职业教育体系与德国存在差异，在引进"双元制"职业教育模式时，需要对其进行适当改造，以适应我国的教育制度、学制和课程设置等。

融入我国行业标准和企业文化：在职业教育中，行业标准和企业文化是非常重要的教学内容。在引进德国"双元制"职业教育模式时，我们需要将其与我国的行业标准和企业文化相结合，确保培养出的学生既具备国际视野，又能适应我国企业的实际需求。

创新教学方法和手段：德国"双元制"职业教育注重实践教学和工学结合，但具体的教学方法和手段可能需要根据我国的实际情况进行创新。例如，可以利用现代信息技术手段，如虚拟现实（VR）、增强现实（AR）等，模拟真实的工作环境，提高实践教学的效果。

（2）建立完善的质量评估和反馈机制

要确保德国"双元制"职业教育在我国的可持续发展和高质量运行，必须建立完善的质量评估和反馈机制。这有助于及时发现问题、持续改进并提升教育质量。

构建多维度评估体系：质量评估应涵盖多个维度，包括教学效果、师资力量、实践教学条件、毕业生就业质量等。通过定期的全面评估，可以全面了解德国"双元制"职业教育在我国的实施情况，为后续的改进提供依据。

建立及时反馈机制：评估结果应及时反馈给相关教育机构和政府部门，以便他们进行调整和改进。同时，还应建立学生、企业和社会公众的反馈渠道，广泛听取各方意见和建议，不断完善职业教育质量。

强化质量意识和文化：质量是职业教育的生命线。在推广德国"双元制"职业教育模式的过程中，应强化质量意识和文化，使所有参与者都认识到质量的重要性，并共同努力提升教育质量。

德国"双元制"职业教育以其产教深度融合、校企深度合作、实践导向教学及严谨的质量保障体系等显著优势，为中国职业教育提供了宝贵的借鉴和启示。习近平总书记多次强调职业教育的战略地位，指出其在国家人力资源开发、促进就业创业、推动经济高质量发展中的关键作用，特别是在全面建设社会主义现代化国家的新征程中，职业教育展现出前所未有的广阔前景和巨大发展潜力。

当前中国职业教育体系虽已取得一定成效，但也面临企业参与程度不足、产教融合不深等问题。为克服这些短板，有必要借鉴德国"双元制"职业教育经验，强化企业参与职业教育的广度和深度，通过政策引导和激励措施，激发企业参与职业教育的积极性，真正实现校企双赢，确保教育内容紧贴产业发展需求。同时，推动产教深度融合，更新教学内容与方法，搭建起教育链、人才链与产业链、创新链之间的桥梁，以应对瞬息万变的市场需求和技术革新。

在师资队伍建设方面，应当借鉴德国模式，提高教师的专业技能和实践经验，鼓励和支持教师深入企业一线，强化实践教学能力，同时引进企业导师充实教师队伍，提升教学质量。另外，还需要完善职业教育师资培训机制和激励机制，为教师的成长和发展提供有力保障。

加大实践教学比重，加强实训基地建设和现代信息技术的应用，构建仿真实践环境，确保学生能在真实的场景中提升职业技能。通过订单式培养、工学结合等多种形式，切实提高学生的实践操作能力和就业竞争力。

此外，还需加强政策支持和资金投入，完善职业教育法律政策框架，稳定政策导向，优化资源配置，提高教育投入效益。通过立法保障和技术赋能，提升职业教育的社会认同度，拓宽技术技能人才的职业发展通道，提升其社会地位和待遇，以期在全社会范围内弘扬工匠精神，培养出一大批高素质技术技能人才，为推动产业升级、服务国家战略和实现中华民族伟大复兴的中国梦提供坚实的人才保障。

附录一　基于中德合作的高职机电类专业"双元制"人才培养模式本土化实践

一、中德合作项目简介

按照《国家中长期教育改革和发展规划纲要》、教育部《高等职业教育创新发展三年行动计划》关于"积极加强与职业教育发达国家开展交流与合作，探索中外合作办学的新途径、新模式，学习和引进国际先进成熟适用的职业标准、专业课程、教材体系"等文件精神，为主动适应地方经济结构调整和产业转型升级的要求，进一步推进我校教育教学改革和师资队伍建设，我校2012年开始和德国德累斯顿工业大学职业教育与继续教育学院开展职业教育领域专业合作探索。2013年1月，我校选派7名专业教师赴德参加"双元制"职业教育培训，2014年3月21日，与德累斯顿工业大学职业教育与继续教育学院签订合作协议，引进德国"HWK职业资格证书"，开展中德职业教育领域合作。

泸州职业技术学院于2015年6月、2016年6月、2017年8月，连续三年选派机电一体化技术、机械制造与自动化专业25名教师赴德国德累斯顿工业大学参加"机电一体化师和精密机械加工师专业师资"各为期1个月的培训学习。

同时，从2015年起，泸州职业技术学院在应届新生中，通过选拔组建机电一体化技术（HWK机电一体化师）、机械制造与自动化（HWK精密机械加工师）两个专业中德班，积极研究探索德国"双元制"职教模式的本土化实

附图1 2014年3月，与德累斯顿工业大学职业教育与继续教育学院签订合作协议

践。目前已完成四届8个中德班组建，2015级中德班学生已顺利毕业。2016年10月，在泸州职业技术学院举办了第一届中德职教论坛。2018年6月，在泸州职业技术学院举办了第二届中德职教论坛。

二、教师赴德学习情况

2013年2月，泸州职业技术学院派出7名骨干教师赴德参加为期30天的职业教育管理者和专业师资培训，学习了"双元制"职业教育理念及世界职

附图2 2013年2月，泸州职业技术学院派出7名骨干教师赴德参加培训

业教育发展趋势、行动导向和针对工作过程的教学理念、德国职业教育体系和结构管理等内容。初步了解了德国"双元制"职业教育基本内容，在此基础上学院探讨了双方合作的基本思路。

2015 年 6 月，根据双方合作协议，泸州职业技术学院选派机电一体化和机械制造两个专业 25 名教师赴德，参加第一阶段（30 天）的机电一体化师和精密机械加工师专业培训。主要内容为：① "双元制"职业教育模式；② "精密机械加工师" "机电一体化师"《框架教学计划》（学习领域 1~7）和《培训规则》教学内容；③情景化教学模式。

附图 3 2015 年，教师赴德参加"双元制"职教师资研修培训

2016 年 6 月，25 名教师赴德参加第二阶段（30 天）培训。主要内容为：① "精密机械加工师" "机电一体化师"《框架教学计划》（学习领域 8~13）和《培训规则》；②HWK 职业资格中期考试。

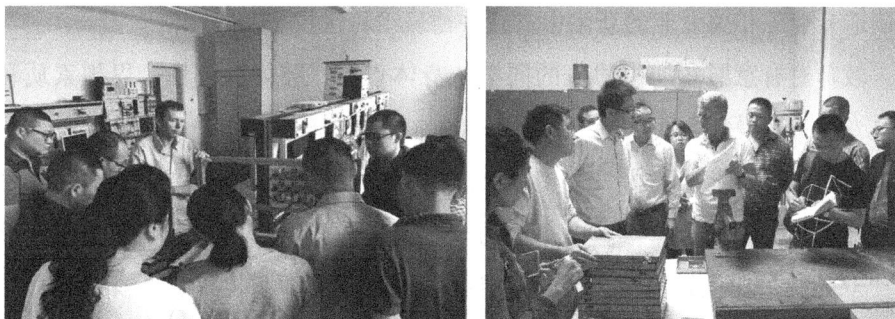

附图 4 2016 年，教师赴德参加"双元制"职教师资研修培训

2017年8月，25名教师赴德参加第三阶段（30天）培训。主要内容为：①HWK考官培训；②HWK职业资格结业考试；③跨企业培训中心实训项目；④这三年实践过程中的一些问题解答。

附图5　2017年，教师赴德参加"双元制"职教师资研修培训

经过三年学习，24名教师取得德国德累斯顿工业大学职业教育与继续教育学院培训证书和德国HWK"机电一体化师"及"精密机械加工师"职业培训资格证书和德国HWK考官证书。

三、中德班开展情况

（一）中德班组班

每一级新生入学后，在机电一体化专业、机械制造与自动化、模具设计与制造专业等相关专业的新生中进行中德班组班选拔。

教师对有意愿参加中德班的同学从身体素质、肢体协调性、思想素质和对本专业的热爱等方面进行考核，综合考核成绩组建中德班。

泸州职业技术学院从2015级开始成立HWK"机电一体化师"和"精密机械加工师"中德合作班。中德班的教学组织、教学管理、教学考核借鉴德国"双元制"职业教育模式，同时结合我国学历教育要求实施"国际+国内"双证书毕业考核制度，即"专科毕业证书+HWK职业资格证书"。

附图6　"机电一体化师"和"精密机械加工师"中德合作班

（二）中德班教学

中德班教学融合德国《学习领域》和《培训规则》要求，基于载体开展项目化教学，利用项目载体将理论和实践进行融合，教学过程与实际生产相结合，强调行业标准、生产规范，质量，管理，安全，环保等现代制造业要

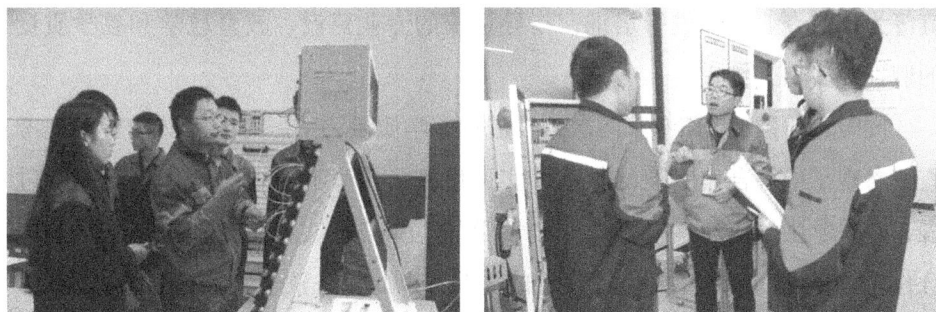

附图7　中德机电一体化情景化教学

附图8　注重实践能力的训练

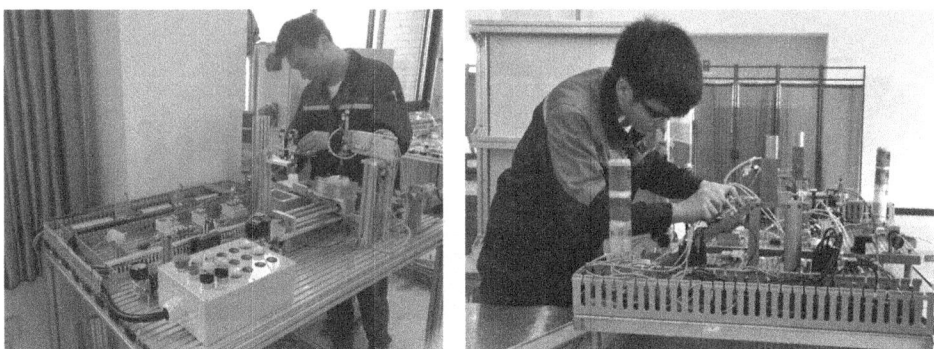

附图8　注重实践能力的训练（续）

求，从产品订单、采购、加工制作、安装、调试、交付及售后各环节开展教学，培养学生学习能力、社会能力、方法能力。

（三）专家指导与评估

根据双方协议，每年德方专家定期来访我校就专业教学、教学计划的制订等为校内专业教师进行培训，指导学校的专业建设、教育教学和教学质量的监控等多项工作。

同时，德国 HWK 专家两次到校进行教学质量评估。专家团队进行实地考查，参观了中德合作专业的教室、实训设施，并旁听了中德合作班的授课过程，查看学生的作品，以直观了解教学环境和教学实施情况，特别是到校企合作企业详细询问学生到企业实习的情况，以此保障教学质量。

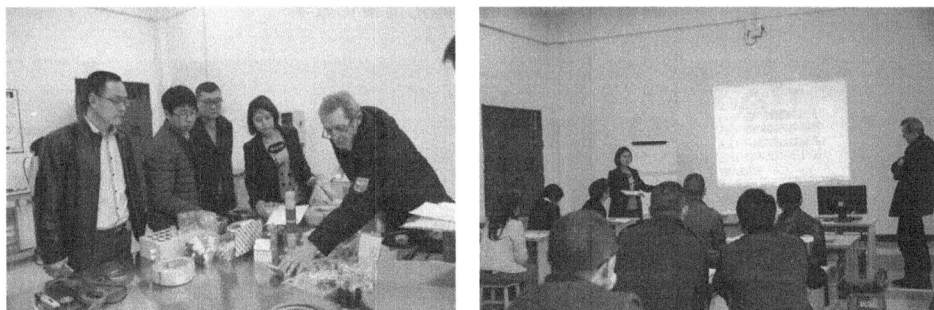

附图9　德国专家指导中德班教学

（四）中德班考试

学生接受"双元制"职业教育模式教学，学习周期为 3~3.5 年，完成前 1~1.5 年学习计划后参加德国 HWK 考试中心组织的"中期考试"；完成 3~3.5 年学习计划后参加"结业考试"，2 次考试综合成绩达到德国 HWK 考试中心要求者方可获取德国 HWK 颁发的职业资格证书。

两次考试均包含理论考试和实践考核两部分，考试内容和项目源自实际生产任务，重在考核学生制定生产计划，管理和控制产品质量，严格执行行业规范和企业标准，组织生产加工，完成交付和售后等多项综合能力。

考试内容与德国学生考察内容保持一致，试卷由德国考官从德国直接带至考场。考试在德方考官主导下，与中方考官共同完成考试。

附图 10　全方位综合能力考核：理论考试

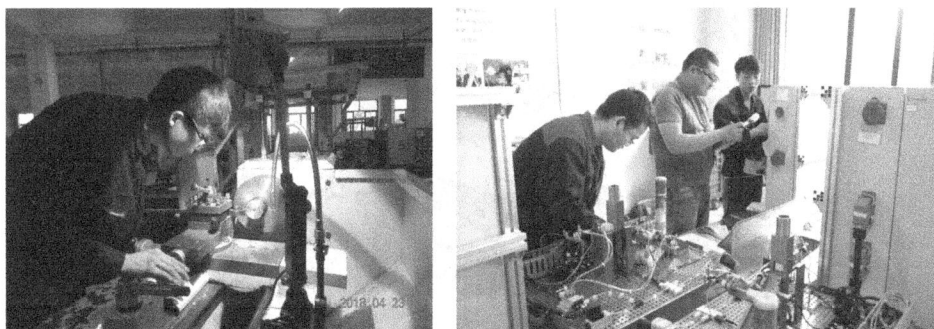

附图 11　全方位综合能力考核：实践考核

附图12　全方位综合能力考核：语言表达

四、项目实施成果

（一）完成"双元制"师资培训，教师取得 HWK 双资格证书

2015—2017 年，泸州职业技术学院选派 25 名骨干教师三次赴德学习德国"双元制"职业教育模式和教育理念、专业教学计划（《学习领域》和《培训规则》）、培训内容的制定与实施、HWK 考试组织形式等内容。教师教育观念由学科知识本位向职业能力本位转变，教师专业技能和职教能力得到提高，教育教学方法有了极大改进。

经过考核，泸州职业技术学院 24 名教师取得了 HWK 培训师和 HWK 考官资格证书。

附图13　泸州职业技术学院 24 名教师取得了 HWK 培训师和 HWK 考官资格证书

（二）"双元制"本土化改造初步完成，教学体系基本形成

1. 完成"双元制"本土化课程改造

引进德国机电一体化师和精密机械加工师的德国职业标准和专业教学标准，结合我国实际，制定了人才培养方案和专业教学计划，基于框架教学计划和培训规则开发本土化教学课程。根据岗位和职业能力要求组织教学，强调学生实践能力培养。教学方式由传统学科知识讲授转变为以行动导向的教学互动为主，引导学生按照"信息、计划、决策、实施、控制、评价"六步法进行学习。改变传统的学业成绩评价方法，借鉴德国 HWK 考评体系，重构包括学生学习过程考核、岗位工作能力考核、职业综合素质考核在内的学业成绩评价体系。

2. 成立跨企业培训中心，完成理实一体化教室建设

根据项目合作要求，按照培训规则和 HWK 培训、考试标准以及企业标准建设"跨企业培训中心"。在"跨企业培训中心"的框架下将职业培训的内容，通过实施企业流程来进行教学，把以学校为主导的实习实训转换到以企业为主导的职业培训。

参照德国学校的标准，改造理实一体化教室。理实一体化教室能完成专业教学模块从基本单元教学、简单项目教学到综合性项目教学。

3. 建立健全组织管理体系

建立"一院两委"组织管理体系，组建"四川中德培训学院"，设立"德国 HWK 四川考试中心"，成立教学委员会和考试委员会。培训学院决定办学方向和项目管理，教学委员会负责制订教学标准和教学运行，考试委员会依托"德国 HWK 四川考试中心"，按照德国职业标准和考试标准开展质量评价。

（三）践行"双元制"理念，教师教育教学理念革新

通过"双元制"职教模式的学习，教师教育观念更新，由学科本位和知识本位实现向职业能力本位的转变，突出职业素质和职业技能培养。据职业

分析和岗位分析所获得的职业能力本身的结构方式组织教学，强调依据学生能力培养。

教师教学方法更新，教学方式由知识讲授转变为以教学互动为主，引导学生质疑、调查、探究，在实践中学习。考核方式由理论笔试转变为根据课程特点，采用笔试、口试、机试、现场操作考试等多种形式相结合，注重考查学生的综合能力。

（四）本土化实践取得初步成效，学生获得 HWK 职业资格证书

引进德国"双元制"职业标准和教学计划，制定具有泸州职业技术学院特色的人才培养方案，按照专业知识、能力、素质等职业能力要求设计课程内容，形成基于工作过程系统化的专业课程体系。教学上注重职业情境和工作过程的完整性，学生在工作情境中主动建构专业知识体系。

2015 级学生通过了 HWK 中期考试和结业考试，52 名学生全部取得 HWK 职业资格证书。经过与并行班级的比较和用人企业的就业反馈，中德班学生在技能、职业素养等方面明显优于同级普通班学生。

附图 14 学生获得 HWK 职业资格证书

（五）搭建中德职业教育合作平台，项目影响力初显

2016 年 10 月，成功举办了"首届中德职业教育合作论坛"，省教育厅、泸州市委市政府等相关领导，以及德累斯顿工业大学、德累斯顿手工业联合

会（HWK）代表出席会议，20 余所省内外院校以及 10 余家中外企业代表参加会议。成立了"四川中德培训学院""德国 HWK 四川考试中心"，举办了《德国职业资格标准的中国本土化改造》等八场专题讲座。

2018 年 6 月，成功举办了"第二届中德职业教育合作论坛"，教育部、省教育厅、省人社厅、省外专局、泸州市委市政府等相关领导，德国驻成都总领馆、德国联邦劳工局、德累斯顿工业大学、萨克森州劳工局、德累斯顿手工业联合会、泰国国王科技大学代表出席会议，30 余所省内外院校以及 20 余家中外企业代表参加会议。成立了泸州中德职业教育联盟，举办了《地方高职院校教育国际化策略与实践》等七场主题报告、专题讲座，并就德国"双元制"本土化人才培养进行了座谈，德方代表与合作院校领导、学生代表进行了深入交流，达成我校中德班学生赴德就业意向。

中德职业教育合作论坛的连续举办在省内外形成了较大影响，教育导报、四川新闻等各级媒体都进行了广泛报道。中德职业教育合作论坛为区域引进国际先进职业教育资源，推动更多职业院校加入中德职业教育合作项目，全面学习借鉴德国职业教育先进经验，搭建了重要平台。

附图 15　举办中德职业教育合作论坛

（六）毕业生获国际知名企业认可，学生实现赴德就业

2018 年至 2019 年，德国联邦劳动局的工作人员和德国企业的人事专员对泸州职业技术学院 2015 级、2016 级机电中德班进行了面试遴选，10 名同学被录用至德国萨克森州卡门茨戴姆勒全资入股的子公司 Accumotive

GmbH&Co.，享有和德国当地员工同等的晋升深造机会。开我国高职院校毕业生赴德本土企业就业之先河。

附图16　机电中德班学生赴德就业

附录二 机电一体化师职业培训规则和框架教学计划

1998 年度联邦法律公报 第 1 部分
Nr. 13，1998 年 3 月 11 日发布 波恩

基于 1969 年 8 月 14 日颁布的职业教育法（德国联邦法律公报第 1 部分第 1112 页）的 §25（它于 1997 年 9 月 21 日根据第 35 款进行了修改），德国联邦经济部与德国联邦教育科研部达成如下一致协定：

§1 国家认可的培训职业

机电一体化师是国家认可的职业。

§2 培训期限

培训时间为三年半。

§3 职业内容、职业情况介绍

职业培训的内容至少包括以下技能和知识：

1. 职业培训，劳动法和劳资法。

2. 培训企业的结构和组织。

3. 工作安全和健康防护。

4. 环境保护。

5. 企业和技术交流沟通。

6. 工作流程的计划和操控，工作结果的检测和评估。

7. 质量管理。

8. 检测、绘线和标记。

9. 手动和机械切削、切割和变形。

10. 连接。

11. 电动组件和元件的安装。

12. 电动数据的测量和检验。

13. 软件和硬件组件的安装和测试。

14. 电动、气压和液压控制的安装和检验。

15. 机电一体化系统的编程。

16. 由组件和元件到完整机器和系统的组装。

17. 机器、系统和设备的组装、拆卸、运输和保护。

18. 机电一体化系统功能的检验和调整。

19. 机电一体化系统的调试运转和操作。

20. 机电一体化系统的维护维修。

§4 培训框架计划

（1）根据附录中所包含的针对职业培训的内容与时间划分的说明（即职业培训框架计划），来传授§3中所列举的技能和知识。如果在实际运作时有特殊要求，允许偏离培训框架所规定的时间和内容。

（2）通过传授此规则中提及的技能和知识，使受训人员有能力从事职业教育法§1第2款中的相关职业行为，特别是能独立地计划、实施和检测。这些能力应根据§7和§8通过考试加以证明。

§5 培训计划

培训师应以职业培训框架计划为基础，来开发和制订出一个培养学生的培训计划。

§6 培训报告

学生要完成培训报告，以此作为受训凭证。培训报告可以在培训期间完成。培训师必须定期审阅报告。

§7 期中考试

（1）为了了解培训情况，需要进行期中考试。考试应在培训的第二学年结束之前进行。

（2）期中考试的内容包括了在附录中第一学年和第三个培训半年中所传授的技能和知识，以及按照框架教学计划在职业学校中传授的所有的教材内容，只要其内容对于整个职业培训来说是重要的。

（3）考生应在最多七个小时内，可利用预先完成的部件，完成一个加工任务。在此，特别要考查：

按照参考资料，制作和检验一个可运转的机电一体化构件，包括手动和机械加工、组装、布线和管线的连接，以及制作加工计划书和填写检验测量报告。

借此考生应表明，他能够检测功能、遵循用电防护措施和安全规定、调整和测量机械和电动参数以及生产流程，特别是技术、生产组织、工作安全和经济性之间的关系。

§8 结业考试

（1）结业考试内容包含了在附录中所列举的技能和知识，以及在职校课程中教授的教材内容，只要其内容对于职业培训来说是重要的。

（2）考生在考试部分 A 应在为时最长 30 个小时内完成一项企业委托的任务并将结果记录下来，制成书面报告。同时还要进行一次最长 30 分钟的专业口试。在此，应特别考查以下方面：

一个机电一体化系统的组件、更改或维护维修，包括工作计划、组装、拆卸、更改程序和设置以及调试、维护维修。

完成该委托任务需要将实践性的资料加以记录，制成书面报告。考生应通过完成该任务和制作书面报告来证明，他可以在考虑到经济、技术、组织和时间各方面的前提下独立计划、组织、实施加工流程和子任务，利用原材料，使用布线和接线技术，调整和校正传感和执行装置组件，系统化地确认、界定和消除在电动、气压和液压系统里的故障或干扰，以及使用标准软件制作检测记录报告，记录更改的配线和使用其他的技术通信资料。考生应通过口试证明，他可以描述专业性课题及其解决方案。方案须指出该任务所涉及的专业背景知识以及解释完成该任务的方法、步骤。考试委员会在开始完成任务试题之前，给出任务书，包括时间表以供考生参阅。该委托任务完成的结果和口试的结果应占百分之五十的评分。

（3）考试的 B 部分由三方面组成，分别是工作计划、功能分析和社会经济概况。在工作计划和功能分析两方面，尤其要结合信息技术、工艺和数学方面的知识对专业性问题进行分析、评估并提出恰当的解决方案。

（4）在工作计划方面，应特别考查以下内容：

根据给出的要求来完成一份组装和调试机电一体化系统的工作任务书。

对此考生应证明，他能够分析问题，能够在遵守技术规范的前提下选择装配和调试所需的机械、电动构件、导线、软件、工具和辅助工具，调整安装和装配图，在兼顾工作安全的情况下，计划所需的工作步骤和使用标准软件。

在功能分析方面，应特别考查以下内：

描述出维护机电一体化系统的步骤方法和界定故障的步骤方法。

对此考生应证明，他能够在兼顾运行过程的情况下，采取维护措施或调试措施，评测接线图，解释和更改程序，求得和描述机电一体化系统各性能之间的相互关系，求得机械数据和电动数据并解释运动流程，按功能来分配接口处的信号，选择和使用检验方法及诊断系统，定位故障的原因，测试和检验保护装置及用电安全措施。

在社会和经济概况会涉及相关的实际情况，特别是与职业、工作、日常生活社会领域相关的内容。

（5）考试 B 部分的时间（最长）分配如下：

①工作计划，150 分钟。

②功能分析，150 分钟。

③社会和经济概况，60 分钟。

（6）在考试 B 部分中，工作计划和功能分析所占的比重均为社会经济概况的两倍。

（7）考试 B 部分，考生可以向考试委员会申请，对其中单独的考试项目进行一个附加口试，如果该口试对通过总考试成绩起到至关重要的作用。在统计以口试为考试方式的各项考试时，目前的成绩和附加口试的成绩以 2∶1 的比例来计算。

（8）只有当考试部分 A 和 B 都满足最低要求时才算通过考试。如果在企业委托的任务包括对其结果给出的书面报告，在专业口试，或者在这三个考试领域内有任一领域不及格，考生不能通过考试。

§9　条例生效

该条例从 1998 年 8 月 1 日起生效。

波恩，1998 年 3 月 4 日

德国联邦经济部部长

1998 德国联邦法律公报　第一部分
Nr. 13，1998 年 3 月 11 日发布　波恩

附表 1　机电一体化师职业培训框架计划（对应 § 4）

序号	培训内容的划分	传授技能和知识，包含独立的计划、实施和检验	培训参考时间（以周计）学年		
			1	2	3/4
1	职业教育、劳动法和劳资法（§ 3，Nr. 1）	（1）解释培训合同的含义，特别是对毕业文凭，培训期限和结业加以说明； （2）列举培训合同里双方的权利和义务； （3）列举职业进修的可能性； （4）列举工作合同的重要组成部分； （5）列举与培训企业提供的劳资合同有关的重要法规和规定。			
2	培训企业的结构和组织（§ 3，Nr. 2）	（1）阐述培训企业的结构和任务； （2）解释培训企业的基本功能，比如企业采购、生产、销售和管理； （3）介绍培训企业、企业职工、各种经济组织、职业代表机构和工会之间的关系； （4）描述培训企业的企业劳资权益部门、员工协会的基本情况、任务及其工作方式。	在整个职业教育培训期间传授		
3	工作安全和健康防护（§ 3，Nr. 3）	（1）确认在工作中会发生的各种危害人身安全和健康的情况，并介绍相应的预防措施； （2）使用该职业相关的劳动安全和避免事故发生的条例规则； （3）描述事故发生时应采取的行动和急救措施； （4）使用防火条例，描述火灾发生时应采取的措施和消防措施。			
4	环境保护（§ 3，Nr. 4）	为了避免企业污染环境，尤其要： （1）举例说明培训企业可能造成的环境污染，及其在环保方面所作的贡献； （2）使用对培训企业而言有效地环保条例； （3）尽可能地使用经济的、无污染环的能源和材料； （4）避免废料的产生，采用环保无污染的方式处理废料。			

序号	培训内容的划分	传授技能和知识，包含独立的计划、实施和检验	培训参考时间（以周计）学年		
			1	2	3/4
5	企业和技术的交流沟通（§3，Nr. 5）	(1) 收集和评估数据； (2) 根据情况与上级、同事和组员适时地交换意见，描述事情的基本情况，使用英语和德语的专业用语； (3) 处理冲突、解决矛盾； (4) 手动操作电子数据处理设备，尤其是安装软件，连接和使用外接设备； (5) 保护和加密数据； (6) 完成日志和报告，使用标准软件；	4*		
		(7) 阅读和使用零件图、部件装配图和总装配图； (8) 阅读和使用气压、液压系统的安装说明； (9) 阅读和使用电路原理图、部件图、功能框图、安装布置图、接线图； (10) 完成简图和零件清单；	3*		
		(11) 更新部件、机器和设备的技术方案（技改方案）； (12) 使用技术规则手册、设备操作规程、工作指南和其他技术信息，包括英文版的材料；		3*	
		(13) 演示报告技巧； (14) 在交付产品和工作结果时，对其加以解释说明，并演示其功能； (15) 使用企业内部的信息系统和通信系统。			3*
6	工作流程的计划和操控，工作结果的检验和评估（§3，Nr. 6）	(1) 根据功能、生产技术和经济性原则来确定工作步骤； (2) 根据组织管理和资料信息来确定和确认工作流程； (3) 在小组里安排和分配任务； (4) 安排计划工作台和设立工作台； (5) 索求和装备任务所需的原材料、工具和辅助工具； (6) 准备好工作过程中所需的加工机床；	5*		

序号	培训内容的划分	传授技能和知识, 包含独立的计划、实施和检验	培训参考时间 (以周计)学年		
			1	2	3/4
		(7) 准备好工具、加工机床、检测和测量工具以及相关技术设备; (8) 检测和评估自己和他人的工作绩效,并书面记录; (9) 记录原材料、备用件、工作时间和技术检测的结果。	3*		
7	质量管理 (§3, Nr.7)	注意保证产品的质量和规格,为前后生产加工部门保障完成任务的质量,尤其是: (1) 结合技术资料及其效用来评估质量管理系统,应用相应的工艺技术; (2) 选择检验方式和检验工具,确定和记录检验工具的可行性; (3) 系统性地查询故障和质量缺陷的原因,清除故障,并加以记录; (4) 在自己的工作领域内持续地优化加工工序。			5*
8	检验、绘线和标记 (§3, Nr.8)	(1) 选择工具、手动操作工具来测量和检验长度、角度和面积; (2) 用刻度尺、游标卡尺和千分尺来测量长度,检验是否符合所要求的公差; (3) 根据光缝法检验表面的平整度、角度和形位精度,通过目测检验判断平面质量; (4) 根据技术要求检查结合面的形状和品质; (5) 在考虑原料特性的前提下划线、开中心孔和标记工件; (6) 用分度规测量角度并用角规检验。	3*		
9	手动和机械切削、切割和变形 (§3, Nr.9)	(1) 沿划好的线锯开金属和合成材料制成的片、板和外形轮廓; (2) 锉平和去毛刺,使工件的平面和形状尺寸精确度达到±0.2mm,表面平整度 Rz 在 6.3~40μm; (3) 加工通孔、扩孔、断面凹槽,其位置公差达到±0.2mm,以及铰孔,其尺寸精度达到IT7,表面平整度 Rz 在 4~10μm;			

序号	培训内容的划分	传授技能和知识，包含独立的计划、实施和检验	培训参考时间（以周计）学年		
			1	2	3/4
		（4）利用丝锥和板牙加工内螺纹和外螺纹； （5）使用不同型号的车刀用车削的方法加工工作，使其尺寸精度达到±0.1mm，表面平整度 Rz 在 4~63μm； （6）使用不同型号的铣刀用端面及周围的平面铣削的方法加工工件，使其尺寸精确度达到±0.1mm，表面平整度 Rz 在 10~40μm，使用手剪和手动杠杆式剪切机剪切薄板和合成材料板； （7）对黑色金属和有色金属材料的薄板、管道和外形轮廓进行冷变形加工和校准。	11		
10	连接 （§3，Nr.10）	（1）通过螺丝、螺母和垫片连接，用锁止装置； （2）特别是弹簧垫片、齿形垫片和喷漆确保连接不松脱； （3）在兼顾零件顺序和扭矩的前提下，进行螺栓连接； （4）在考虑到焊接面的状况的前提下，用形状配合的方法将元件销固定； （5）选择锡焊和硬焊的工具、焊料和助溶剂进行焊接； （6）选择黏接剂，并黏接相同或不同的原料； （7）判断金属原料的可焊接性； （8）选择焊接装置，焊接需要的添加剂和辅助材料，确定焊缝形式和定位参数，准备接缝，使用不同的熔焊法连接到3mm厚的薄板以及加工焊缝，精确焊接薄板、管道和外形轮廓。	6		
11	电动部分和构件的安装 （§3，Nr.11）	（1）安装插入部件、壳体和配电仪表； （2）选择、安装、连接和标识电动辅助设备和开关装置的构件； （3）安装和标识用于控制、调节、测量和监控的构件； （4）根据建筑和地点的实际情况确定走线方法；	8		

序号	培训内容的划分	传授技能和知识，包含独立的计划、实施和检验	培训参考时间（以周计）学年		
			1	2	3/4
		(5) 在考虑机械负载和电动负荷，铺设方式和使用目的的前提下选择、调整、铺设和连接电缆； (6) 给电缆装配连接装置，尤其是线头（圆形和扁形线头）和插接板； (7) 通过焊接、卡接和插接来连接电缆；			
		(8) 根据资料和样本使用不同的布线方式连接组件和设备； (9) 更改错误，记录所做的变动。		5	
12	电动数据的测量和检验（§3，Nr.12）	(1) 选择适当的方法和测量装置，推测测量误差和组装测量设备； (2) 在直流和交流电路里测量电压、电流、电阻和功率，计算它们之间的关系； (3) 记录、描绘和评估数据组和特性曲线，特别是与电压、温度和光照相关的电阻； (4) 测量和检验数电和模电信号，尤其是信号的时间特性； (5) 检验组件和构件的电动特征数据； (6) 组建电路，尤其是保护电路和数字电路。检验它们的性能。	8		
13	安装和测试软件和硬件组件（§3，Nr.13）	(1) 检验硬件和软件接口，硬件组件的兼容性以及软件的操作系统限制； (2) 组装和连接系统组件（比如可用旧电脑练习）； (3) 配置硬件，安装软件以及调配软硬件；		3	
		(4) 配置和安装各种网络系统和各种总线系统； (5) 检验接口信号，解释分析检测报告，测试系统；			4
		(6) 更换升级软件和硬件的改动； (7) 记录软件和硬件的改动。			4

续表

序号	培训内容的划分	传授技能和知识，包含独立的计划、实施和检验	培训参考时间（以周计）学年		
			1	2	3/4
14	安装和检验电动、气动和液压控制（§3，Nr. 14）	（1）电动线路、气压线路和液压线路的安装和连接； （2）连接、检验和调节供应电动、气压和液压能源的设备； （3）测量和调节气压和液压系统的压强；	4		
		（4）分析问题，特别是分析控制系统中的各个接口处的运动流程和交互作用； （5）分配控制方案，选择控制设备； （6）根据的题目建立电动、气压和液压的线路； （7）安装传感器，执行装置和变压器； （8）检验和调节已连接起来的各部分功能的相互协作，在兼顾到接口的前提下界定故障。			9
15	机电一体化系统的编程（§3，Nr. 15）	（1）评估各种控制系统的不同的实现方式； （2）给出和改变控制程序，完成和使用测试程序； （3）完成、给出以及测试实现数字控制的应用程序；		4	
		（4）在机电一体化系统里监控程序流程，确认错误和消除错误。			4
16	由组件和构件到完整机器和系统的组装（§3，Nr. 16）	（1）识别部件和组件，以及检验无缺陷状态； （2）进行预装配； （3）安装润滑装置和冷却装置； （4）安装气压和液压组件，特别是气缸和阀门； （5）准备、铺设、连接管道和软管，检验密封性；		6	
		（6）配合部件和组件，根据其功能来进行安装并确保安装到位； （7）安装滑动轴承和滚动轴承，装配带活动零件的部件，特别是车轴、轴、传动装置； （8）安装驱动装置，传动装置和连接装置； （9）布线，安装开关装置，特别是过载保护开关和功率开关，保险装置和保护继电器； （10）安装用于控制、调节、测量和监测的组件并布线； （11）安装、调试和连接传感器； （12）检测装配过程中的各种功能。			14

续表

序号	培训内容的划分	传授技能和知识，包含独立的计划、实施和检验	培训参考时间（以周计）学年		
			1	2	3/4
17	机器、系统和设备的装配和拆卸，以及运输和保护（§3，Nr. 14）	(1) 装配管道、线槽和电缆束； (2) 建立供给和排废管道系统的连接，选择和建立过渡连接； (3) 安装保险装置，屏蔽设备，保温装置和绝缘设备； (4) 在注意到机械负载和电动负载以及布线方式的前提下选择、固定和连接分配能量和通信的电缆和设备；		6	
		(5) 检验固定定位的状况和安装地点； (6) 根据参考值调整机器，装置和承载结构，对其固定以及确保准确性和安全性； (7) 鉴于周围环境情况和针对特殊区域形式的附加决定来判断区域空间； (8) 确定保护措施，平衡电势； (9) 从操作技术和安全技术的角度来判断和使用导线，支架和装配平台； (10) 选择和使用起重装置，止动装置和运输装置，保障和实现运输。			12
18	机电一体化系统功能的检验和调整（§3，Nr. 18）	(1) 选择测量方法和检验方法，选择诊断系统，检验接口的电动数据和信号； (2) 连接数电和模电信号处理部件，检验它们的输入和输出信号； (3) 检验用于记录运动流程、压力和温度的测量仪器仪表； (4) 检验和校准用于获得极限值的装置，尤其是行程开关和传感器；			4
		(5) 从安全技术的角度来判断和调整执行装置； (6) 检验控制装置，调节装置和监控装置，调整控制参数； (7) 调整关系到过程大小的理论值，尤其是运动流程和压力的理论值；			

序号	培训内容的划分	传授技能和知识，包含独立的计划、实施和检验	培训参考时间（以周计）学年		
			1	2	3/4
		（8）在考虑机械、液压、气压和电动接口的前提下，通过目测、检测、测量以及借助检验系统和测试程序来系统地界定判断故障； （9）检验和调整电子和电动控制的传动装置； （10）调查研究干扰和故障的原因，评估消除故障的各种方法，安排和实施维修； （11）检验局部功能和总体功能，并加以记录。			12
19	机电一体化系统的调试和操作 （§3，Nr.19）	（1）检验防止直接接触的防护措施； （2）检验防护措施的功效，特别是针对故障电流的防护装置，测量绝缘，接地和回路电阻； （3）检验机械和电子安全防护装置，特别是紧急关机装置和报警系统；		2	
		（4）检验用于测量、控制和监控设备的辅助和控制电路，包括所属信号发送器和指令发送器在内，以及实现运转； （5）检验主电路，逐步实现运转，测量运转值，调整理论值； （6）实现气压和液压设备的运转； （7）检验和调整灵活性、密封性、运转平稳性、转动频率、压力、温度以及方法途径； （8）检验和确保电线的固定、能源供应、润滑、冷却和排污； （9）装载程序和数据，确保数据不流失，检验和调配程序运行； （10）检验信号传输系统，特别是检查总线，确保其运转； （11）实现机电一体化系统的运转，实施功能检验； （12）检验针对电磁干扰的防护措施； （13）调试系统参数，与设定值进行比较并对其进行调整； （14）操作机器和系统，在额定值和极限值下进行测试运行。			14

序号	培训内容的划分	传授技能和知识， 包含独立的计划、实施和检验	培训参考时间 （以周计）学年		
			1	2	3/4
20	机电一体化系统的维护维修 （§3，Nr. 20）	（1）考察机电一体化系统，检验安全防护设备的功能，并给出检测报告； （2）根据保养和维护的手则来保养维修机电系统，在预防性的保养期间更换磨损件； （3）在兼顾到其功能的前提下，拆卸机构和部件，根据其位置和功能来标记零件； （4）通过整修和替换零件和部件来清除掉故障消除软件错误； （5）将系统参数和设定值进行比较，并对其做出相应的调整； （6）在遵守操作流程（规程）的前提下，修复机电系统； （7）使机电系统适应已改变了的运转条件； （8）运用诊断系统，运用维护系统。			13

注：*：结合职业培训框架计划中提及的其他的内容来传授。

机电一体化师职业框架教学计划

（1998 年 1 月 30 日文化部长联席会议决议）

第一部分　前　言

由职业学校所使用的职业培训框架教学计划是由文化部长联席会议（KMK）决议通过的。

框架教学计划依照相应的联邦培训条例（由联邦经济和劳动部，联邦教育和科研部与其他各相关部门一致颁布）编写而成。根据 1972 年 5 月 30 日的共同报告调整修改了协调方案。

框架教学计划是针对主体中学的职业教育培训，并涵盖了最基本的能力要求。

框架教学计划是由内容涉及以职业领域为宽度的基础职业培训和以此为

基础的专业培训而构成的。

在培训规则和框架教学计划的基础上，规定了职业培训的教学目标和内容，颁布经认证的职业资格证书和职业学校的毕业证书。确保受训人员具备从业资格和能力，并为其在学校里的继续学习和职业生涯中的各种进修打下坚实的基础。

框架教学计划不限定授课使用的教学方法。学生独立负责的思考和行为是职业教育的目标，这要通过各种授课形式来实现。各种授课形式是各种教学方法的体现。所选用的每种教学方法，都应以实现培养学生独立负责的思考和行为为原则。凡是有助于促进培养学生行为能力的方法，更应在组织授课时加以考虑和重视。

各州可直接采用本次颁布的框架教学计划作为本州的教学计划来使用，也可在此基础上改编开发本州的教学计划。在后面这种情况下，框架教学计划对时间和专业方面的规定，应与培训规则的内容和规定保持一致。

第二部分　职业学校的培训任务

职业学校和培训企业共同完成"双元制"培训中的职业培训任务。

职业学校是一个独立的学习地点。它与其他培训机构有着同样的地位，职业学校要与合作伙伴共同完成职业教育培训。它的任务是，特别是在考虑到职业培训的前提下，向学生传授常规的教学内容和专业知识。

职业学校的目标是传授职业基础教育和职业教育，是对学生之前所完成的普通教育的扩展，使学生有能力完成实际工作中的各种工作任务，并能使其顺利地融入工作领域。各个学校应按照各州学校法规中针对本学校类型的、有效的法律法规来开展教学。特别是，各职业相关的课程还应遵照下列由联邦统一颁布的、有关国家承认的该职业条例和规章来进行：

1. 文化部长联席会议（KMK）所商议的框架教学计划。

2. 针对培训企业的培训规则。

按照针对职业学校的框架协议（1991 年 3 月 15 日由文化部长联席会议通过），职业学校的教学目标为：

1. 培养学生的职业能力，该能力是结合了人文和社会综合能力的职业技能。

2. 为了能够适应行业领域内、社会发展中不断更新的要求，并考虑到欧洲各国共同的发展和成长，要培养学生的职业应变能力。

3. 学生在未来随时准备好进行职业进修、深造。

4. 在个人和社会生活中强化其责任意识。

为了达成这一目标，职业学校必须：

1. 强调以行动为导向作为教育和授课原则来设计、安排课程；

2. 在考虑到必要的专业化的前提下，培养其综合职业专业能力和职业跨领域技能；

3. 为了适应不同学生的天赋和能力差异，以及工作和社会的各种需求，能够提供多样而灵活的因材施教；

4. 在可能的范围内全力支持和帮助残障学生；

5. 指出在工作和个人生活中引起的环境危害和事故隐患，并指明避免及减少这些伤害的可能性。

此外，职业学校在普通课以及与职业相关的专业课程的教学中，能融入和探讨我们当前时代的核心问题，比如：

1. 就业和失业问题。

2. 来自不同的国家、民族和文化的人们和平共处。

3. 维护自然生态基础。

4. 保障人权等。

所列举的这些目标都是为了开发和培养学生的行动能力。该能力在这里可理解为一个人随时准备好，并能够在各种社会、工作和个人环境与状况中，本着对自己和社会负责的原则，恰当地、慎思地采取相应的行为的能力。

行为能力包括专业能力、个人能力和社会能力。

专业能力即在专业知识和技能的基础上，有目的性地根据实际情况，有计划、有步骤地独立解决问题并对结果做出评估的能力。

个人能力指个人能厘清、思考并判断在家庭、工作和社会生活中的发展和机遇、各类要求和限制，发挥个人潜力，制定和进一步发展完善个人人生规划的能力。包括独立、谨慎、自信、可靠、负责和自觉等个人素质和性格。特别是慎思的价值观，个人对价值的认识和理解是其中的一部分。

社会能力指经历和建立社会关系，领会和理解关照与对立，理性而负责地与他人辩论并达成共识。此外，社会责任感和连带感也是其中的一部分。

在这三种能力协调发展的基础上形成了学习能力。

能力是与每个学习者成功学习的结果相关的，是在个人、工作及社会环境与状况中形成的独立、负责解决问题的能力。而资格，要从成功学习的结果的可用性来理解，也就是说，它是与个人、工作及社会环境与状况中的各种需求紧密联系的。

（资料来源：德国教育委员会，教育委员会针对专业阶段 II 的培训新规则的建议）

第三部分　教学原则

职业教育培训的目标要求以行动为导向来授课，以年轻人在各自的职业领域能独立地计划、实施和检测加工任务及其结果为原则，来设计安排课程。

在职业学校的学习要以行动为导向并鼓励学生思考。学习应该是对完整行为的思考和反映（工作计划、流程、结果）。它是在工作中学习，从工作中学习的前提理念。对于框架教学计划来说，也就是结合所培训的职业来描述和选择教学目标和内容。

在理论教学和教学论的基础上，针对以行动为导向的授课有以下要点：

1. 对职业培训有意义的工作情景作为教学参考（为了将来的行为、工作而学习）。

2. 行动是教学的出发点，尽可能让学生独立地规划和实施行为（通过学生的行动、动手来学习）。

3. 行动必须是学生能独立地计划、实施、检测。如果有可能，纠正行动过程中的错误并再次检测结果。

4. 行为必须是一个对该职业的整体的、现实的反映，比如从技术、安全技术、经济、法律、生态和社会等各方面出发。

5. 行为能融合结合学生以前的经历和社会经验。

6. 行为也是一个社会化的过程，比如使学生了解自己的兴趣所在，克服危机等。

以行动为导向的授课是一个教学论方面的主导纲领，是专业和行为系统结构交差重叠的体现。它通过各种不同的教学方法来实现。

职业学校的课程面向青年人和成人，他们在学前教育、文化背景和在各种培训企业的经历各不相同。只有当职业学校充分重视并考虑到这一点，并相应地促进各种类型的学生（包括残障和特别有天赋的学生）的能力时，才算完成了它的培训和教育任务。

第四部分　相关职业引言

机电一体化师职业培训框架教学计划是根据 1998 年 3 月 4 日颁布的职业培训条例加以调整和校准的。

在职业学校内讲授的经济和社会概况考试领域的主要内容应依据"工业技术类职业在职业学校内进行的经济和社会概况的基本课程"（1984 年 5 月 18 日文化部长联席会议决议）来讲授。

在贯彻实施框架教学计划中的教学目标和教学内容时，应始终以培养职业行为能力为原则。由于当代技术更新和发展迅速，框架教学计划里的教学内容只进行了功能性的、关键词形式的表述。这些教学内容根据技术的变更加以持续地更新。

在贯彻实施框架教学计划时，使用的教学方法要以促进行为能力的培养为原则。将数学、自然科学、外语以及经济学、生态学和工作防护方面的内容有机地结合起来并加以传授。

框架教学计划以下列学校教学目标为出发点：

1. 工作中能与他人合作共事，并能使用英语交流。

2. 在考虑到技术参数和企业效益参数的前提下，能进行基本运算，会使用图表和运用公式。

3. 在组织和实施工作时，能兼顾工效、经济、生态和社会等各方面。

4. 通过使用合适的原材料、负责的行为和遵守环保规程，将工作过程中对环境造成的不良影响降到最低。

5. 遵守维护规程，保证设备和系统的正常运作，具有质量意识，遵守质量标准，开发成本合理的解决方案。

6. 为寻错和纠错，开发有根据性的解决方案，从错误诊断中推导错误并排除错误和故障。

7. 使用工作工具——计算机。

8. 理解和读懂德语和英语的资料、操作说明和其他典型专业信息，并将其整理、转换成客户易于理解的形式。

第五部分　学习领域

框架教学计划的内容是以学习领域为结构的。

附表 2　机电一体化师职业教育的学习领域一览表

	学习领域	教学参考时间以小时为单位		
		第一学年	第二学年	第三和第四学年
1	机电一体化系统里的功能关联分析	40		
2	机械子系统的加工制造	80		
3	在安全技术的前提下安装电子操作工具	100		
4	在电动、气动和液动组件里研究能量流和信息流	60		
5	借助数据处理系统进行通信	40		
6	工作流程的计划和组织		40	
7	机电一体化子系统的实现		100	
8	机电一体化系统的设计和制造		140	
9	研究复杂的机电一体化系统中的信息流			80
10	计划装配与拆卸			40
11	调试、寻错和维修			160

学习领域		教学参考时间以小时为单位		
		第一学年	第二学年	第三和第四学年
12	预防性维护			80
13	向客户交付机电一体化系统			60
	总计	320	280	420	

学习领域 1：机电一体化系统里的功能关联分析

第一学年　教学参考时间：40 小时

教学目标：

　　1. 学生在研究技术设备时，应遵守和使用相应的规程和守则。学生能借助和使用技术资料和各种原理，寻找出解决方案。学生掌握分析功能关联的方法和操作过程，并加以记录。在团队中，针对方案的技术可行性展开积极的讨论。

　　2. 读懂方块电路图并根据这些图认识信号流、物质流、能量流和基本的作用原理。从数据处理到生产工作结果的各种方法。

　　3. 学生应对机电一体化系统的生态和经济性方面的问题有敏锐的洞察力。

　　4. 学生要意识到英语对技术交流的重要意义。

教学内容：

　　1. 技术要求的资料

　　2. 系统参数

　　3. 方块图

　　4. 信号流、质量流和能量流

　　5. 客户的特殊要求对于技术实施的意义

　　6. 数据处理的方法和意义

　　7. 工作结果的记录和演示报告

　　8. 生态和经济性方面

学习领域 2：机械子系统的加工制造

第一学年　教学参考时间：80 小时

教学目标：

　　1. 学生能描述出所使用的材料、辅助材料的结构、特性和应用领域，学生能计划、安排材料，合理、经济性地使用，并兼顾环境与健康等主要方面。学生能读懂结构图，能绘制断面草图，以及添加修改的部分。选择生产加工所需的机械加工工艺，并评估加工过程的结果。

　　2. 学生能使用典型的英文专业术语和概念。

　　3. 在准备和实施加工时，能遵循相应的工作防护规程。

　　4. 学生能在小组内组织开展工作。

续表

教学内容：

    1. 零件纸和组件纸、零件清单

    2. 机器零件、公差和配合

    3. 装配计划、连接件

    4. 手动切削、机械切削和变形加工的基本技术原理

    5. 通过力连接、形状连接和材料连接来生成机械连接

    6. 特殊的原材料和辅助材料

    7. 装配工具盒辅助设备

    8. 便于装配的储存存放、安全性方面、工作防护

    9. 检验和测量工具、测量误差

    10. 生态和经济性方面

学习领域 3：在安全技术的前提下安装电子操作工具

第一学年   教学参考时间：100 小时

教学目标：

    1. 学生要牢固地掌握简单的技术过程中电能的作用。学生认识电工技术中的总线路图，能加以描述，并研究其作用原理。使用已有的知识选择电子操作工具。为此需要进行计算，并能使用图表手册和公式来得出答案。

    2. 学生了解使用电能时对人和设备会带来的危险。掌握保护人身安全和技术设备的措施，遵守相应的规程。选择和使用所需的检验和测量的仪器和设备。

    3. 学生能从英文工作资料中提取所需的信息。

教学内容：

    1. 电参数、其之间的关系、描述方式和计算

    2. 直流电路和交流电路中的零件

    3. 电子测量方法

    4. 能量传输和信息传输时管和线的选择

    5. 电网

    6. 过载、短路和超电压产生的危害以及所需保护元件的计算

    7. 使用图标手册和公式

    8. 电对组织（机体）的作用，安全规范、发生意外时采取的救护措施

    9. 参照有效规程避免身体触电的各种措施

    10. 电子操作工具的检验

    11. 产生过压和干扰电压的原因，它们的影响作用、应对措施

    12. 抗电磁干扰

学习领域 4：在电动、气动和液动组件里研究能量流和信息流

第一学年   教学参考时间：60 小时

教学目标：

　　1. 学生掌握控制技术的总线路图。能够阅读电路图，绘制电路草图并做相应的添加改动。熟悉电气、气动和液动组件运转的技术参数。

　　2. 学生了解所制造所需辅助能源的工艺和方法。能够熟练、准确无误地使用基本的测量方法，并清除在操作电气、气动和液动系统时会产生的危险。

　　3. 学生能够读懂英文产品说明并使用英文专业术语。

　　4. 遵守工作防护和环境保护规程。

教学内容：

　　1. 气动、液动参数，它们之间的关系、描述方式和计算

　　2. 电工技术、气动系统和液压系统的供给

　　3. 控制技术的总线路图

　　4. 技术资料

　　5. 控制系统的信号和测量值

　　6. 在操作电气、气动和液动功率组件时会产生的危险

　　7. 经济性、工作防护和环境保护、循环再利用

学习领域 5：借助数据处理系统进行通信

第一学年　教学参考时间：40 小时

教学目标：

　　1. 学生能够描述数据处理设备的使用和它们在操作流程中的编排分配，以及联网系统的结构和由此而产生的安全性能的要求。

　　2. 学生能够分析工作任务，收集所需信息，能够利用本行业通用的专业软件整理、记录操作信息和资料。

　　3. 学生能够使用英文的专业性手册，并从中找到解决方案所需的信息。

教学内容：

　　1. 操作系统

　　2. 联网的数据处理设备

　　3. 数据保护和数据安全

　　4. 借助本行业通用的专业软件处理信息

　　5. 利用数据处理控制操作过程

　　6. 计算机作业的工效

学习领域 6：工作流程的计划和组织

第二学年　教学参考时间：40 小时

教学目标：

　　1. 学生能够描述企业的组织结构并根据功能、加工技术和经济性准则在团队内组织协作。

2. 学生清楚工作流程所需的各种必要的技术设备和工具，确保准备好设备和工具，并按照程序完成质量检测报告。使用数据处理方案来规划工作流程，记录归纳所有的必要的控制和组织步骤。

3. 在做预备工作时，遵守健康保护和工作防护条例。

4. 表达时能够使用英文的专业术语。

教学内容：

    1. 物资调度和核算

    2. 工作流程的分析

    3. 评估和记录结果

    4. 工效学和工作事故预防措施

    5. 简单的时间和成本核算

    6. 工作流程的制备方法

    7. 质量管理

学习领域7：机电一体化子系统的实现

第二学年　教学参考时间：100 小时

教学目标：

    1. 学生能够描述机电一体化各个子系统的结构。解释传感器和转换器的作用原理，校正传感器。

    2. 学生了解借助电动、气动和液动部件实现平动和转动的方法，运用控制和调节的知识，来影响改变路线方向和运动方向。

    3. 根据信号检验来监测部件功能和排除其中的故障。

    4. 学生能够设计各种基本电路，用英文来描述它们的作用原理。

    5. 掌握简单的编程方法。

教学内容：

    1. 控制链和控制环路、功能模块图

    2. 自动控制特性参数

    3. 传感器和转换器的作用原理

    4. 传感器和转换器的信号特征

    5. 简单运动过程和控制功能的编程

    6. 设计线路

    7. 控制和调节流程的图解

    8. 信号测量

    9. 驱动装置的基本线路和作用原理

    10. 描绘功能图中的传动单元

学习领域8：机电一体化系统的设计和制造

第二学年　教学参考时间：140 小时

教学目标：

　　1. 学生能够描述由多个构件所组成的机电一体化系统的结构和信号走向。能够分析变换了的操作条件对过程产生的影响。

　　2. 学生通过对接口信号的检查找出错误并排除错误和故障。

　　3. 使用探测控制过程的测量技术和方法，整理结果并归纳。

　　4. 学生能够运用控制和调节技术的知识，来作用运动的速度和转速。

　　5. 学生能够连接各个传动单元，在传动单元和从动设备间选择衔接方案，并有目的地合理使用它们。

　　6. 学生熟悉过载的原因和后果。确定所需保护装置的技术参数并加以选择。在技术资料中添加变更线路。

　　7. 学生清除危险源，遵守工作防护和健康保护规程。

　　8. 能够用英语描述控制技术方面的相互关系和所选择的传动单元的工作原理。

　　9. 掌握编程方法。

教学内容：

　　1. 传动设备的运行特性值和特性曲线

　　2. 边界值

　　3. 作用原理，选择和调试保护装置

　　4. 驱动装置调整和控制

　　5. 定位操作、自由度

　　6. 定位的检验方法和测量方法

　　7. 传动装置、联动器

　　8. 在已有的资料中添加变更

　　9. 运动流程和控制功能的编辑

　　10. 计算机模拟

　　11. 接口测量值的采集

学习领域9：研究复杂的机电一体化系统中的信息流

第三学年　教学参考时间：80 小时

教学目标：

　　1. 学生能够阅读和读懂线路图并根据线路图来描述系统中的信息结构。描绘解释电动的、机械的、气动的和液动的各构件之间的连接。

　　2. 学生掌握研究检测信息流的测量技术方法，能够分析信号，推导出可能的误差原因。学会借助数据处理的诊断方法。

　　3. 在已有的资料中添加所作的变更。

　　4. 能够用英语修改资料。

续表

教学内容：

    1. 系统中的信号流程、走向

    2. 信号结构

    3. 总线系统

    4. 检验和测量方法

    5. 检验系统构件间的接口

    6. 子系统的网络连接

    7. 联网系统的等级

    8. 测量结果的编辑、记录

学习领域 10：计划装配与拆卸

第三学年　教学参考时间：40 小时

教学目标：

    1. 学生掌握规划机电一体化系统的装配和拆卸，并做好预备工作。了解工作流程并能评估工作结果。

    2. 学生在准备工作阶段，就要兼顾健康保护盒工作防护等方面。

    3. 学生能审核安装地点的装配条件并作相应考虑，能够计划和使用所需的辅助设备和工具。

    4. 组织团队内的工作。

    5. 能够读懂英文的装配说明。

教学内容：

    1. 操作性的装配资料

    2. 在兼顾规程的前提下，考察装配地点的工作条件。

    3. 机电一体化系统的供给设备和排废设备

    4. 运输设备、起重装置和装配辅助工具

    5. 安全措施和对安全措施的检验

    6. 装配期间的检测

    7. 形状公差和位置公差

    8. 校准

    9. 在拆卸时产生的废物的清除和循环利用

学习领域 11：调试、寻错和维修

第三学年　教学参考时间：160 小时

教学目标：

    1. 学生能够描绘一个系统的，包括系统的保护装置在内的总体性能和局部性能。从技术资料中提取相关信息。

    2. 学生能说明组件对于整体系统的影响，并根据接口检测来核查其性能。由此引发的测量方法，学生要掌握并加以熟练运用。

3. 学生能解释调试机电一体化系统的方法并确定调试一个整体系统的步骤。

4. 学生能够使用诊断系统，制作性能报告和寻错报告。

5. 核实保护措施的有效性。

6. 学生会校正传感器和执行装置，核实并校准系统参数。将结果记录编辑成报告。

7. 系统性地限制误差并排除故障干扰。

8. 学生能够使用和理解英语。

教学内容：

1. 机电一体化系统的方块电路图、原理图和功能图

2. 传感器和执行装置的校正和调整

3. 系统参数

4. 总线参数化

5. 软件安装

6. 在电动、气动和液动系统中寻错的操作过程

7. 干扰分析

8. 寻错策略、典型的误差分析

9. 电动的和机械的保护措施、保护规程

10. 抗电磁干扰性

11. 过程可视化、诊断系统、远程诊断

12. 调试报告、误差记录、维修报告

13. 质量保障流程

14. 排除程序错误

15. 遵照客户要求

16. 机电一体化系统对经济、生态和社会环境的影响

学习领域12：预防性维护

第四学年　教学参考时间：80小时

教学目标：

1. 学生能够描述对技术系统运作安全性的影响因素和预防性维护的必要性。使用维护方案和已确定下来的维护方法。

2. 学生能检验、调整和校正安全保护装置。

3. 遵守健康保护和安全防护规程。

4. 学生制定和完成寻错分析，并统计、记录结果。

5. 学生能将维护工作的结果添加入资料中。

6. 用英文整理编辑工作结果。

教学内容：

1. 污染、老化、消耗、磨损以及它们的影响

2. 系统可靠性

续表

3. 制定和调整维修方案 4. 检查审查 5. 检查安全保护装置的方法 6. 根据变更的要求来调整系统构件 7. 诊断操作和监测系统 8. 质量管理 9. 记录编辑 10. 在技术资料中添加变更项
学习领域13:向客户交付机电一体化系统 第四学年　教学参考时间:60小时
教学目标: 　1. 学生能够以文字和图像的方式整理关于机电一体化系统的信息,并能将其演示、报告。学生能对设备操作人员和维护人员加以指导。 　2. 学生能对用英语交流信息。 　3. 遵守基本原则与客户保持联系,并推广企业的市场策略。
教学内容: 　1. 使用企业内部的通信系统 　2. 团队合作 　3. 交流沟通 　4. 主持、演示 　5. 与客户、与供货方的关系 　6. 操作说明、使用说明

参考文献

[1] 雷正光. 德国"双元制"教学模式初探 ［M］. 北京：科学普及出版社，1992.

[2] 徐国庆. 职业教育原理 ［M］. 上海：上海教育出版社，2007.

[3] 赵志群，(德) 海尔伯特·罗什. 职业教育行动导向的教学 ［M］. 北京：清华大学出版社，2016.

[4] 石伟平，匡瑛. 比较职业技术教育 ［M］. 北京：高等教育出版社，2012.

[5] 姜大源. 当代世界职业教育发展趋势研究 ［M］. 北京：电子工业出版社，2012.

[6] 黄日强，施晶晖，陈龙. 中国职业教育现代学徒制度研究 ［M］. 北京：原子能出版社，2014.

[7] 关晶. 职业教育现代学徒制的比较与借鉴 ［M］. 长沙：湖南师范大学出版社，2016.

[8] 陈莹. 论德国职业教育本质特征及其发展动力 ［M］. 上海：上海三联书店，2015.

[9] 张海明，孙柏璋，任延延. 德国"双元制"职业教育模式的福建本土化改造与提升研究 ［M］. 福州：福建教育出版社，2019.

[10] 周新源. 本土化构建：现代学徒制太仓模式 ［M］. 上海：上海教育出版社有限公司，2022.

[11] 杨春霞. 德国"双元制"在中国的本土化过程——中德唐山农村职业教

育合作项目经验交流会综述 [J]. 教育与职业, 2004 (11): 4-5.

[12] 张宁新. 推进"双元制"教育模式本土化的实践与思考——以南京高等职业技术学校为例 [J]. 职业技术教育, 2009, 30 (05): 71-72.

[13] 张敏珠."双元制"职业教育内涵的探索与实践——以苏州健雄职业技术学院为例 [J]. 江苏教育研究, 2022 (30): 73-76.

[14] 唐春华, 李军利, 尹秉奎. 德国"双元制"职业教育本土化的探索与实践——建构"多域互通、融合提升"人才培养模式 [J]. 职业教育研究, 2018 (09): 29-33.

[15] 张红英. 汽车专业"双元制"本土化人才培养模式改革探索与实践 [J]. 汽车维护与修理, 2019 (02): 56-59.

[16] 王辉, 孙伟, 孙卓."21256"德国"双元制"本土化特色人才培养模式的创新研究与实践——以智能制造专业群为例 [J]. 河北农机, 2021 (07): 78-79.

[17] 车君华, 曾茜, 孟皎. 德国"双元制"职业教育本土化的"济南模式"创新实践 [J]. 济南职业学院学报, 2019 (05): 5-8+11.